ज्योतिष और संतानयोग

ज्योतिष और संतानयोग

ज्योतिष में संतान उत्पत्ति, संख्या, पुत्र या पुत्री के कारण और निवारण को लेकर लिखी गई यह पहली प्रमाणिक पुस्तक है

लेखक :

अन्तर्राष्ट्रीय ख्यातिप्राप्त, लब्ध सुवर्णपदक

दैवज्ञ महर्षि पं० भोजराज द्विवेदी

संपादक "अज्ञातदर्शन" पाक्षिक ज्योतिष पत्रिका

एम० ए० संस्कृत दर्शन, रिसर्च स्कालर ज्योतिष

डायमंड बुक्स

प्रकाशक : डायमंड पॉकेट बुक्स (प्रा.) लि.
X-30 ओखला इंडस्ट्रियल एरिया, फेज-II
नई दिल्ली-110020
फोन : 011-40712200
ई-मेल : wecare@diamondbooks.in
वेबसाइट : www.diamondbooks.in
संस्करण : 2025
मुद्रक : रेप्रो (इंडिया)

JYOTISH AUR SANTAN YOG
by : Dr. Bhojraj Dwivedi

पुस्तक के बारे में

संसार का प्रत्येक मनुष्य, स्त्री या पुरुष चाहे किसी भी जाति, धर्म, व संप्रदाय का क्यों न हो ? अपना वंश आगे चलाने की प्रबल इच्छा उसके हृदय में प्रतिपल प्रतिक्षण विद्यमान रहती है । रजोदर्शन के बाद स्त्री-पुरुष के संसर्ग से संतान की उत्पत्ति होती है, वंश बेल आगे बढ़ती है, परंतु कई बार प्रकृति विचित्र ढंग से इस वंश वृक्ष की जड़ को ही रोक देती है । डॉक्टर लोग कहते हैं कि स्त्री-पुरुष दोनों में संतान उत्पन्न करने की क्षमता है, कोई दोष नहीं फिर भी संतान नहीं होती । प्रकृति की लीला विचित्र है किसी को कन्या ही कन्या होती है तो कोई पुत्र के लिए तरसता है, तो कोई अनेक पुत्र होते हुए भी पुत्री की कामना से पीड़ित है । अनेक सज्जन अपने सुयोग्य पुत्र की कीर्ति से फुले नहीं समाते, होने वाली संतान सुपुत्र होगी या कुपुत्र विज्ञान के पास इनका कोई जवाब नहीं ? जब पति-पत्नी दोनों में कोई दोष नहीं है तो संतान क्यों नहीं हो रही है ? विज्ञान के पास इनका भी कोई जवाब नहीं ? विवाह करने के कितने समय के बाद संतान होगी ? कब होगी ? व क्या होगी ? मृतसंतति, अनगर्भायोग, यमल संतति इसका जवाब ज्योतिष विज्ञान के अतिरिक्त किसी के पास नहीं है, वस्तुतः संतान पूर्वजन्म के संचित पाप और पुण्य के रूप में इस जन्म में प्रकट होती है ।

इस पुस्तक में इस प्रकार की सभी शंकाओं, समस्याओं का समाधान ढूंढने का प्रयास किया गया । आपकी कुंडली में कितने पुत्रों का योग है ? कितनी कन्याएं होंगी ? प्रथम कन्या होगी या पुत्र ? आने वाली संतति कपूत होगी या सपूत ? हमने प्रेक्टिकल जीवन में ऐसे अनेक प्रयोग किए हैं जब डॉक्टरों द्वारा निराश हुए दम्पतियों को ज्योतिषीय उपाय, रत्न एवं मंत्र चिकित्सा से तेजस्वी पुत्र संतति की प्राप्ति हुई है, अतः यह पुस्तक मानवीय सभ्यता के लिए अमृत तुल्य औषध है। पंचम भाव जहां संतान का है वहीं विद्या का भी है, तीव्र बुद्धियोग, मंदबुद्धियोग, शारदायोग, दैवज्ञ योग, कंप्यूटर शिक्षा योग इत्यादि पर भी चर्चा विस्तार से इस पुस्तक में की गई है, अतः इस पुस्तक का महत्त्व और अधिक बढ़ गया है, अंतर्राष्ट्रीय ख्याति प्राप्त विद्वान् लेखक पं० भोजराज द्विवेदी की यशस्वी लेखनी से आबद्ध प्रस्तुत "शोध ग्रंथ" ज्योतिष जगत की अमूल्य धरोहर है ।

—प्रकाशक

अनुक्रम

ज्योतिष में योग का स्वरूप

मंदिर में भोग, अस्पताल में रोग और ज्योतिष में योग का बड़ा महत्त्व है। योग शब्द की विस्तृत व्यांख्या की आवश्यकता नहीं है; योग मिलन का पर्याय है। दो वस्तुओं के मिलन को **"योग"** एवं अलगाव को **"वियोग"** कहते हैं। ज्योतिष में हमें यही अर्थ अभिप्रेत है। एक से अधिक प्रकार की ग्रह-स्थितियों कें विशेष तालमेल को योग कहते हैं। इन योगों के आधार पर की गई भविष्यवाणियां अधिक वैज्ञानिक एवं सटीक होती हैं। ये योग ही फलित ज्योतिष का आधार स्तम्भ है। यदि इन योगों को समझने में कहीं गलती हो जाए, कुछ त्रुटि रह जाए तो संपूर्ण फलित ज्योतिष का भवन ही नीचे गिर जायेगा। अत: यह बात भली-भांति समझ लेनी चाहिए कि योग के बिना फलित ज्योतिष का कहीं कुछ अस्तित्व शेष नहीं रह जाता।

ज्योतिष के दो भाग हैं गणित और फलित। गणित एक गणनात्मक प्रक्रिया है, जिसकी जगह कैलकूलेटर एवं कंप्यूटर ने ले ली है। जिसकी वजह से मनुष्य का महत्त्व ही समाप्त हो गया है क्योंकि कंप्यूटर मनुष्य से अधिक तेज गति से एवं सही व सूक्ष्म गणित कर लेता है। ज्योतिष का सर्वाधिक चमत्कारी एवं रोचक पक्ष है फलित। कंप्यूटर अभी फलादेश कहने में पूर्ण समर्थ नहीं हो पाया है क्योंकि फलादेश अनुभवगम्य है, कंप्यूटर के पास 'मैमोरी' तो है पर अनुभव नहीं। फलादेश की सत्यता ईश्वर (इष्ट) **कृपा पर भी अवलंबित है। इष्ट कृपा ज्योतिष में अनिवार्य है। इष्ट कृपा से ही ज्योतिष की सुगंध फैलती है अन्यथा वह एक**

निर्गंध पुष्प है। इष्ट कृपा साधना से प्राप्त होती है। मशीनें साधनाएं नहीं कर सकतीं क्योंकि वे निर्जीव हैं, आत्मा व चैतन्य शक्ति से शून्य जड़ पदार्थ है। अत: कंप्यूटर इत्यादि मशीनें आदमी के सहायक तो हो सकती हैं, पर सब कुछ नहीं।

अब फलित ज्योतिष में सिद्धहस्तता प्राप्त करने के लिए मनुष्य के पास दो ही विकल्प शेष रह जाते हैं प्रथम अध्ययन, द्वितीय साधना। अध्ययन साधना का प्रथम सोपान है। अध्ययन करते-करते मनुष्य सिद्ध हो जाता है। योग एक ऐसी ही सिद्धि है। योग को सम्यक् रूप से समझना, उन्हें हृदयंगम करना ही एक साधना है। किसी व्यक्ति को पचास-सौ योग कंठस्थ हो जाएं तो ऐसा व्यक्ति फलादेश का चैंपियन बन जाता है। लोग उसके इर्द-गिर्द घूमते हैं और अपनी कुंडली बनाने के लिए लालायित रहते हैं। मैंने प्रैक्टिकल रूप से देखा है कि किसी भी जिज्ञासु व्यक्ति का उसकी कुंडली का सही योग बता दो, उसका श्लोक सुना दो और उसका अर्थ समझा दो, वह मंत्रमुग्ध हो जाता है तथा उस ज्योतिषी का एवं ज्योतिष विद्या दोनों का अन्यतम भक्त हो जाता है।

पिछले एक हजार वर्षों से फलित ज्योतिष में योग को लेकर कोई सही काम नहीं हुआ। ज्योतिष की प्राचीन पुस्तकों में योग इधर-उधर बिखरे मिलते हैं, उनका कोई अनुक्रम नहीं, सीमेंटरी नहीं, उनकी विस्तृत व्याख्या एवं विवेचन नहीं मिलते। उन योगों को व्यवहारिक कसौटी पर भी नहीं कसा गया। उनकी सत्यता की जांच भी नहीं की गई। हजारों वर्ष पूर्व लिखे गए साहित्य की उपयोगिता में अब बदलाव आ गया है। देशकाल परिस्थितियां-वातावरण-पर्यावरण चिंतन सभी कुछ तो बदल गया है। हाथी-घोड़ों की जगह कार-स्कूटर एवं हवाई जहाज ने ले ली है। चक्रवर्ती राजा, सम्राट, महाराजाधिराज, राजराजेश्वर के युग अब समाप्त हो गए। उनकी जगह केबिनेट मिनिस्टर, राज्यमंत्री, सांसदों एवं विधायकों ने ले ली है। सभी मानदंड बदल गए, इन बदलते मान-दंडों के परिपेक्ष्य में हमें ज्योतिष के इन योगों का आधुनिकीकरण करना होगा।

दिव्यदृष्टा ऋषि-मुनि भी रहे नहीं। ऋषि क्या है वस्तुत: **"ऋषिय: रिसर्च कर्तार:"** जो निरंतर अनुसंधान में रत रहे वही ऋषि है। सत्य की निरंतर खोज में अपने आप को तिल-तिलकर जमाकर भारतीय ऋषियों ने ज्योतिष की ज्योति को प्रज्जवलित रखा। उन्हीं ऋषियों की प्रेरणा के प्रकाश पुंज में हमें आगे बढ़ना है। प्राचीन-ऋषि आकर के कोई नया शास्त्र बनाएंगे नहीं। अत: ऋषियों के पुनीत कार्य को भी हमें ही करना है। तभी भारतीय ज्योतिष के ज्ञान की निर्मल धारा की अक्षुण्णता बनी रहेगी।

इस कलिकाल में कुछ लोग ऐसे भी हैं जो ऋषियों द्वारा की गई खोज का सेहरा भी अपने सिर पर बांधना चाहते हैं। इस संदर्भ में डॉ. बी०वी० रमन द्वारा लिखित "थ्री हन्ड्रैड इंपोर्टेंट कांबिनेसन" नामक पुस्तक का उल्लेख जरूर करना चाहूंगा। यह पूरी पुस्तक जातकतत्व, पाराशर एवं मानसागरी को आधार मानकर लिखी गई परंतु कहीं भी इन ऋषियों के प्रति कृतज्ञता का ज्ञापन नहीं किया गया। साथ ही मूल संदर्भित श्लोकों को भी कहीं नहीं दर्शाया गया। इसके पीछे लेखक का क्या उद्देश्य रहा होगा यह तो वही भली-भांति बता सकता है परंतु पूर्वाचार्यों एवं ऋषियों के प्रति कृतघ्नता का इससे बड़ा ज्वलंत उदाहरण और कहीं नहीं मिल सकता। ज्ञान का दोहन एवं शोषण की यह पराकाष्ठा है।

आंग्लप्रेमी ज्योतिष के ऐसे नक्कालों से ज्योतिष जगत को क्या फायदा हुआ इसे बाद में सोचा जाएगा परंतु जो प्रत्यक्ष नुकसान हो रहा है वह अक्षम्य है। प्रत्यक्ष नुकसान यह हुआ कि आम पाठक भारतीय ऋषियों से दूर होता चला गया तथा असलियत से भटक गया। सूटेड-बूटेड आंग्ल प्रेमी सज्जन ऋषियों के पिष्टपेषण को, उनके वमन को, उनके झूठन को चटकारे ले-लेकर चाट तो रहा है परंतु प्रशंसा करेगा, उनके छद्मधारी लेखक की जिसने विदेशी भाषा में पाठक को यह सामग्री परोसी है। परिणाम यह हुआ कि आज पाठक भारतीय ज्योतिष से दूर होता चला गया और ज्योतिष भी विकृत होती चली गई। अत: मेरा प्रबुद्ध पाठकों से निवेदन है कि कोई भी ज्योतिष सामग्री पढ़ने के पूर्व यह जरूर देखें कि इसका मूल कहां है "इसकी जड़ कहां है"? जिस प्रकार वकील बहस के समय अपनी धाराएं प्रस्तुत करता है, ठीक उसी प्रकार से विद्वान् ज्योतिषी को भी फलादेश देते समय ऋषियों के श्लोक को उद्धृत करना चाहिए। तभी पवित्रता कायम रहेगी।

ज्योतिषी को ऐसा दंभ कभी नहीं करना चाहिए कि मैंने उसको कहा तेरे पुत्र होगा और हो गया। वस्तुत: हम कहने वाले कौन होते हैं यह तो ऋषियों की वाणी थी। ऋषियों ने, पूर्वाचार्यों ने हमको बताया कि अमुक कुंडली में अमुक योग के कारण, अमुक जातक के लड़का होगा। हमने वही योग पढ़कर ज्योतिष के आधार पर भविष्यवाणी की तेरे पुत्र होगा। वास्तव में पुत्र हुआ तो आभार तो हमें ज्योतिष विज्ञान का एवं ऋषियों का मानना चाहिए तभी हम कृतज्ञ कहलाएंगे। **ज्योतिष विज्ञान का पहला पाठ यह है कि ज्योतिषी को दंभी, अहंकारी एवं कृतघ्नी नहीं होना चाहिए।**

यदि हम दैविक संकेत से सही भविष्यवाणी करने में सफल होते हैं तो हमें दैवी-शक्ति का आभार मानना चाहिए। हमें कभी यह नहीं भूलना चाहिए कि हम तो केवल मात्र माध्यम हैं, मिडिएटर हैं। जब तक हम विनम्र हैं, कृतज्ञ हैं, दैविक

शक्ति हमारे साथ रहेगी, मां सरस्वती का वरदहस्त भी हम पर अक्षुण्ण बना रहेगा। जब हम अनाधिकृत चेष्टा कर अहं की तुष्टि में लग जाएंगे, ज्योतिष का दिव्य ज्ञान एवं दैवी शक्ति दोनों हमारा साथ छोड़ देंगी। हम मात्र गणितज्ञ बन कर रह जाएंगे। जन्मपत्री बना लेंगे, दशाएं निकाल देंगे, पर उनके आधार पर की गई हमारी भविष्यवाणी सही सिद्ध नहीं होगी। इसलिए ध्यान रहे कि हमें निर्गंध-पुष्प बनने की चेष्टा नहीं करनी चाहिए।

जन्म कुंडली के विवेचनात्मक अध्ययन से हमें साधारण व सामान्य फलादेश की जानकारी ही प्राप्त हो सकती है। विशेष एवं सटीक फलादेश तो हमें 'योग' से ही प्राप्त होते हैं। उदाहरणार्थ व्यक्ति धनवान है या गरीब "धनवान है तो कितना" संतान हैं या नहीं "हैं, तो कितनी," नहीं है, तो क्यों नहीं, "इसका कारण भी हमें योग ही बताएगा"। इसके बाद योगों की निवृत्ति के उपाए भी दिए गए हैं। यह सबसे महत्त्वपर्ण बात है जो इस ग्रन्थ में आप देखेंगे। ऐसा डॉक्टर क्या काम का, जो हमें बीमारी तो बता देता है पर इसका इलाज नहीं बताता" निदान के बिना कोई भी विद्या अधूरी ही मानी जाएगी। यही हाल ज्योतिषी का है वह शास्त्रवचनों के अनुसार "अरिष्ट कथन" तो कर देगा और वह अरिष्टयोग यजमान की कुंडली में बराबर मिल भी रहा है परंतु इसका उपाए, निराकरण न बताया तो यजमान छटपटा कर रह जाएगा। मछली को पानी के बाहर निकाल कर छोड़ने से जिस प्रकार मछली तड़पती है ठीक उसी प्रकार से व्याकुलता यजमान को हो जाती है। **यदि हम उपाए न बतावें तो ज्योतिष की उपयोगिता पर प्रश्नवाचक चिन्ह लग जाएगा। उपाए बताने के लिए ज्योतिषी को धर्मशास्त्र, संस्कृत एवं कर्मकांड का ज्ञान होना अनिवार्य है। कर्मकांड व धर्मशास्त्र के ज्ञान के बिना ज्योतिषी की स्थिति उस वृक्ष के समान हो जाती है, जिसकी अनेक शाखाएं तो हैं, उस पर पत्ते भी हैं, पुष्प भी हैं पर फल नहीं। ज्योतिष विज्ञान का दूसरा महत्त्वपूर्ण पाठ यह है कि हमें फलदार वृक्ष बनने की चेष्टा करनी चाहिए।** हमारे यहां से व्यक्ति कभी निराश नहीं लौटना चाहिए। हमें अंधेरे में प्रकाश के किरण की तरह व्यक्ति के मन-मस्तिष्क में आशावादी विचार भरने होंगे, आशारूपी फल को प्राप्त करने पर मनुष्य का जीवन सार्थक हो जाता है। इसके लिए शताधिक वर्षों से हमारे कार्यालय का मंत्र-तंत्र विभाग सतत् रूप से प्रयत्नशील है।

याद रखें ईश्वर के पश्चात् ज्योतिष वह पहला व्यक्ति है जो आपके भविष्य के बारे में सही जानकारी रखता है। कठिनाई के क्षणों में, विपत्ति की घड़ियों में या ऐसे समय में जब व्यक्ति के पुरुषार्थ का जोर नहीं चलता, व्यक्ति सीधा मंदिर, मस्जिद या गिरजाघरों में जाता है या फिर सीधा ज्योतिषी की शरण

में जाकर अपने दु:ख-दर्द की फरियाद करता है। निर्जीव पत्थर तो नहीं बोलते, पर ईश्वर की वाणी ज्योतिषों के मुखारबिन्द से प्रकट होती है। ऐसे में ज्योतिषी की जिम्मेदारी और अधिक बढ़ जाती है। भारत में विद्वान् ज्योतिषी हो और यदि ब्राह्मण हो तो लोग उसे ईश्वरतुल्य सम्मान देते हैं। भारत में भविष्यवक्ता को इतना सम्मान नहीं मिलता, जितना ज्योतिषी को। भविष्यवक्ता होना और बात है तथा ज्योतिषशास्त्र का अध्येता होना अलग महत्त्व रखता है। वराहमिहिर ने भी कहा है।

म्लेच्छा हि यवनास्तेषु सम्यक् शास्त्रमिदं स्थितम्।
ऋषिवत्तेऽपि पूज्यन्ते किं पुनर्दैवविद् द्विज: ॥

—*बृहत्संहिता* 1/30

अर्थात् व्यक्ति कितना भी पतित हो, शूद्र हो, म्लेच्छ, चाहे यवन ही क्यों न हो, इस ज्योतिष शास्त्र के सम्यक् (भली-भांति) अध्ययन से ऋषि के समान पूजनीय हो जाता है। इस दिव्य ज्ञान की गंगास्नान से व्यक्ति पवित्र व पूजनीय हो जाता है। फिर उस ब्राह्मण की क्या बात, जो ब्राह्मण भी हो, वैदज्ञ भी हो और इस दिव्य विद्या को जानता हो, अर्थात् उसकी अग्रपूजा तो निश्चित ही होती है।

इस श्लोक में "सम्यक्" शब्द पर विशेष जोर दिया गया है। सम्यक् ज्ञान गुरु कृपा से ही आता है। पुस्तक के माध्यम से आप गुरु के विचारों के समीप जरूर पहुंचते हैं पर अंततोगत्वा वह किताबी ज्ञान ही कहलाता है। भारतीय वाङ्मय में गुरु का बड़ा महत्त्व है। कई जगह तो गुरु को ईश्वर से बड़ा दर्जा दे दिया गया।

गुरु गोविंद दोऊ खड़े, का के लागू पाए।
बलिहारी गुरूदेव की, गोविंद दिया बताए॥

शास्त्रकारों ने निर्देश दिया है कि गुरु की आज्ञा के बिना जो शास्त्र का प्रयोग करता है, वह वस्तुत: ज्ञान की चोरी करता है, उसकी विद्या कुंठित हो जाती है। कर्ण को परशुराम ने यही श्राप दिया था कि —"तूने छल से विद्या प्राप्त की है, इसलिए जब इस शस्त्र-विद्या की तुझे सबसे ज्यादा आवश्यकता प्रतीत होगी, उस समय यह विद्या तेरा साथ छोड़ देगी।" एक व्यक्ति के जीवन में अनेक गुरु होते हैं भगवान दत्तात्रेय के 24 गुरु थे, एक जगह तो उन्होंने कुत्ते को भी अपना गुरु माना। कहने का तात्पर्य यह है कि जिससे भी कुछ ज्ञान प्राप्त किया जाए वह "गुरु" है। गुरु की कोई उम्र नहीं होती, विद्या की कोई वय नहीं होती। गुरु के सान्निध्य में, उसके आशीर्वाद से जो विद्या प्राप्त की जाती है उसकी तीव्रता, तीक्षणता एवं सिद्धि कुछ और होती है। गुरुमार विद्या मनुष्य को पतन के मार्ग की

ओर ले जाती है। **ज्योतिष का तीसरा पाठ यह है कि भारतीय परंपरा के अनुसार व्यक्ति को पके हुए फलों की डाल की तरह झुककर के (विनम्रता से) गुरुमुख से विद्या ग्रहण करनी चाहिए।**

ज्योतिष का चौथा और अंतिम पाठ यह है कि बिना पूछे सलाह नहीं देनी चाहिए। हंसी-दिल्लगी व मनोविनोद में पूछे गए प्रश्नों का जवाब एवं अपात्र व्यक्ति को इस विद्या का उपदेश नहीं देना चाहिए। कुपात्र से बहस नहीं करनी चाहिए। चाहे वह आपका पुत्र ही क्यों न हो। जिज्ञासु सज्जन की शंका का समाधान एकांत में पूर्ण गंभीरता एवं गोपनीयता के साथ करें। **जब तक जिज्ञासु सज्जन फल-पुष्प-नारियल और दक्षिणा के साथ यथाशक्ति विज्ञ दैवज्ञ का सम्मान न करे, तब तक दैवज्ञ इस दिव्य विद्या का उपदेश न करे।** प्रकृति का नियम है जो खाली आता है, वह खाली जाता है। विद्या का आदर किए बिना विद्या नष्ट हो जाती है, विद्वान् ब्राह्मण के वचन भी खाली चले जाते हैं। अत: विज्ञ पाठकों को भी चाहिए कि सरस्वती के प्रांगण में न तो निरर्थक जाना चाहिए, न ही निरर्थक प्रश्न पूछने चाहिए। यथा—

"अस्पृष्टो नैव भाषेत, भविष्यं नैव वाचयेत्।
स नक्षत्र सूचको निन्द्यः वर्जितः दैव कर्मणि॥"

अर्थात् गुरु, मंदिर व राजा के पास खाली हाथ नहीं जाना चाहिए। घर-घर जाकर बिना पूछे ही ज्योतिष-फल बताने वाला "नक्षत्रसूचक" कहा गया है। वराहमिहिर, सुमंतु, कश्यप, ब्रह्मपुराण, वसिष्ठ, गर्ग आदि सभी महर्षियों ने नक्षत्रसूचक की निंदा की है तथा उसे दैव-कर्म के लिए अयोग्य घोषित किया है। फलितज्ञ को चाहिए कि — "जिन वचनों द्वारा, व्यक्ति या देश को हानि या दु:ख हो जाए। न बतावे। जैसे—जुआ का मुहूर्त, सट्टे-लॉटरी के नंबर, चोरी का मुहूर्त, अमुक देश पर संकट मानेगा, कार्य-करण संबंध पर विचार किए बिना भविष्य बताना। समाचार-पत्रों में बिना मांगे ही राजनैतिक भविष्यवाणियां करना, राजनेताओं का भविष्य प्रकाशित करना, गोपनीयता को भंग करना, किसी कन्या-स्त्री के गुप्त-प्रसंगों को प्रकाशित करना, ये सभी बातें, प्रत्येक दृष्टिकोण से नैतिक नियमों के विरुद्ध है।" ऐसा ज्योतिषी "अयोग्य" होता है। अत: विज्ञ ज्योतिषी को गुरुवचनों से, नैतिक नियमों से आबद्ध होकर मर्यादा में रहना चाहिए, तभी भारतीय ज्योतिष की साख बढ़ेगी।

पं० भोजराज द्विवेदी

संपादक— अज्ञातदर्शन (पाक्षिक)

पंचम भाव एवं संतानयोग
एक विश्लेषण

जन्म कुंडली देख कर संतान की सही संख्या बता देना, ज्योतिष की सबसे सच्ची व खरी कसौटी है। पाश्चात्य ज्योतिष, संतान की संख्या, प्रथम पुत्र होगा या पुत्री, यह बताने में रुचि नहीं रखता। भारतीय ज्योतिष की यह विशेषता है कि इसमें पंचम भाव (संतान- संभावना) को लेकर बहुत सारा साहित्य लिखा गया, पर दुर्भाग्य यह है कि इसको सही ढंग से व्यवहारिक तौर पर किसी ने क्रमबद्ध नहीं किया। पंचम भाव (संतान-संभावना) के परिपेक्ष्य में ग्रहों के कारकत्व इस प्रकार से होंगे।

(1) **सूर्य** — एक तेजस्वी पुत्र का कारक ग्रह है।

(2) **चंद्र** — यह स्त्री ग्रह है यह एक कन्या देने वाला ग्रह है।

(3) **मंगल** — यह तीन पुत्र तथा तृतीय भाव में हो तो तीन भाई देता है।

(4) **बुध** — यह दो कन्या देने वाला ग्रह कहा गया है।

(5) **गुरु** — यह पांच पुत्र प्रदाता ग्रह है।

(6) **शुक्र** — यह कन्या संतति का प्रजनक ग्रह तथा योगायोग के प्रभाव से छः या आठ कन्या भी दे देता है।

(7) **शनि** — यह भी कन्या संतति का प्रदाता है प्रायः सात कन्याऐं देता है। विशेष परिस्थिति व योगायोग से पांच पुत्र भी दे देता है।

(8) राहु — यह संतति का विनाशक ग्रह होते हुए भी पुत्र प्रदाता है। परंतु गर्भपात एवं संतान को नष्ट करने में इसकी प्रमुख भूमिका रहती है।

(9) केतु — यह जो भी संतति हो उसे नष्ट करने में प्रधान भूमिका निभाता है तथा छाया ग्रह होने के कारण साहचर्य से फल देता है।

पुरुष ग्रह — गुरु, सूर्य और मंगल पुरुष ग्रह कहलाते हैं।

पुरुष राशियां — विषम अंकों वाली सभी राशियां पुरुष राशियां कहलाती है। यथा — मेष, मिथुन, सिंह, तुला, धनु और कुम्भ पुरुष राशियां कहलाती हैं।

स्त्रीग्रह — शुक्र, चन्द्र, शनि और बुध स्त्री ग्रह कहलाते हैं।

स्त्री राशियां — सम अंकों वाली सभी राशियां स्त्री राशियां कहलाती है यथा—वृष, कर्क, कन्या, वृश्चिक, मकर एवं मीन स्त्री राशियां कहलाती हैं।

अल्प संतति — वृष, सिंह, कन्या और वृश्चिक अल्प राशि संतति कहलाती है। ये राशियां यदि पंचम भाव में हों तो थोड़ी संतति होगी एवं बहुत समय बाद होगी।

☐ दम्पत्ति को पुरुष संतति अधिक होगी या कन्या : —

ज्योतिष शास्त्र का सर्वमान्य सूत्र यह है कि

सन्तान भवनाधीशो, जन्मलग्नाधिपस्तथा।
नरराशौ तदा पुत्रः स्त्रीराशौ च कन्यका॥ —*भावकुतूहल*

यदि पंचमेश एवं लग्नेश पुरुष राशि में हो, पंचम भाव पुरुष राशि, पुरुष अंश में स्थित हो, पंचम में पुरुष ग्रह बैठे हों या पंचम भाव को पुरुष ग्रह देखते हो और पंचमेश भी पुरुष राशि, पुरुष अंश में स्थित हो तथा पुरुष ग्रहों द्वारा देखा जाता हो या पुरुष ग्रहों के साथ हो तो पुत्र होंगे। किंतु यदि पंचम भाव में स्त्री राशि, स्त्री नवांश हो, पंचम में स्त्री ग्रह बैठे हों या स्त्री-ग्रह पंचम को देखते हों और पंचमेश स्त्री राशि, स्त्री नवांश में स्थित हो, स्त्री-ग्रहों से युक्त या दृष्ट हो तो कन्याएं होंगी। प्रायः सब बातें किसी कुंडली में पूर्ण रूप से घटित नहीं होती पर इनका मिला-जुला प्रभाव अवश्य होता है।

☐ संतान उत्पन्न करने योग्य सामर्थ्य किसमें है स्त्री या पुरुष में ?

पुरुष की जन्म कुंडली देखकर यह बताना कि इस पुरुष के वीर्य में संतान उत्पन्न करने की शक्ति है या नहीं? और किसी स्त्री की कुंडली देखकर यह

बताना कि इसमें संतान उत्पन्न करने की सामर्थ्य है या नहीं? इस पर भी ज्योतिषशास्त्र में भली-भांति विचार किया गया है।

पुरुष की कुंडली में सूर्य-स्पष्ट, शुक्र-स्पष्ट और बृहस्पति-स्पष्ट के राशि, अंश, कला, विकला जोड़ लीजिए। इनके जोड़ने पर यदि (ऊनी) विषम राशि, विषम नवांश आवे तो समझ लीजिए कि उस पुरुष के वीर्य में पुत्र उत्पन्न करने की पूर्ण क्षमता है। यदि राशि और नवांश इनमें से एक ऊना (विषम) और एक पूरा आवे तो मिला-जुला फल जानें और यदि सम राशि, सम नवांश आवे तो समझ लीजिए उस पुरुष में पुत्रोत्पत्ति की क्षमता नहीं है।

यदि स्त्री की कुंडली का विचार करना हो तो उसकी कुण्डली का चंद्र स्पष्ट, मंगल स्पष्ट और बृहस्पति स्पष्ट की राशि, अंश, कला, विकला जोड़िए। जो जोड़ आवे वह यदि सम राशि, सम नवांश में हो तो उस स्त्री में संतान उत्पन्न करने की पूर्ण क्षमता समझनी चाहिए। राशि और नवांश इन दोनों में एक सम, एक विषम आवे तो आधी क्षमता और दोनों विषम आवे तो उस स्त्री में गर्भधारण की क्षमता नहीं है, यह स्पष्ट रूप से समझना चाहिए।

☐ **प्रथम पुत्र योग** : —

लग्नेश लग्न में, द्वितीय और तृतीय स्थान में हो तो प्रथम पुत्र होता है। चन्द्र, मंगल और शुक्र ये तीनों द्विस्वभाव राशि (मिथुन, कन्या, धनु और मीन) में हो तो प्रथम पुत्र होता है। पंचमेश लग्न में हो या गुरु से दृष्ट हो तो प्रथम पुत्र होता है। मेष, कर्क, सिंह, वृश्चिक, धनु लग्न हो तथा पंचमेश पुरुष राशि मेष, मिथुन, सिंह, तुला, धनु या कुंभ राशि में हो या पुरुष राशि के नवमांश में हो तो प्रथम होता है।

सूर्य, मंगल या गुरु बलवान होकर पंचम भाव या सप्तम भाव में बैठे हों तो प्रथम पुत्र होता है। पंचम भाव में अग्नि संज्ञक राशि (मेष, सिंह, धनु) हो तथा पंचमेष अग्नि संज्ञक राशि में हो तो प्रथम पुत्र होता है। यह योग मेष, सिंह व धनु लग्न में ही घटित होता है।

☐ **प्रथम कन्या योग** : —

पंचमेश यदि स्त्री ग्रह, शुक्र, चन्द्र, बुध व शनि हो, अर्थात् वृष, मिथुन, कन्या, तुला, मकर, कुंभ एवं मीन लग्न हो तथा स्त्री राशि (वृष, कर्क, वृश्चिक, मकर, मीन) में चला गया हो तो प्रथम कन्या होती है। पंचमेश यदि शुक्र, चंद्र या राहु के द्वारा देखा जाता हो तो प्रथम कन्या होती है।

पंचम भाव में जल राशि (कर्क, वृश्चिक, मीन) हो तथा पंचमेश जलराशि में हो तो जातक के प्रथम कन्या होती है यह योग कर्क लग्न, वृश्चिक एवं मीन लग्न में घटित होता है ।

☐ संतान की संख्या बताना : –

पुत्रमेकं दिननाथ-पंचमपतिः सद्वीयो दृष्टि-भवेत् ।
पुत्रापंच वदन्ति देवगुरुणां, भौमे तृतीये क्रमात् ।।
सौरे सप्तसुता, भृगुषट्सुता, इन्दुग्न द्वौ कन्यका ।

ज्योतिष का सर्वमान्य सूत्र है कि पंचमेश सूर्य पचम भाव में हो या पंचम भाव को देखता हो तो एक पुत्र देता है । इसी क्रम में गुरु पांच, मंगल तीन पुत्र देता है । शनि सात कन्या, शुक्र छः कन्या, बुध दो कन्या एवं चंद्रमा एक कन्या देता है । पंचम भाव एवं पंचमेश से संबंध रखने वाले ग्रहों के विभिन्न अनुपात को देखकर कुशल दैवज्ञ संतान संख्या का निर्णय करता है ।

लग्न के तीसरे घर में यदि बलवान बृहस्पति हो तो पांच पुत्र देता है । लग्न से तीसरे घर में बुध हो तो एक पुत्र दो कन्या या दो पुत्र तीन कन्या देता है । पंचम में गया हुआ सूर्य यदि गुरु से दृष्ट हो तो तीन पुत्र देता है । पंचम भाव में शनि + मंगल यदि कन्या लग्न में हो तो तीन पुत्र देता है । तुला लग्न में कुंभ का शनि पांच पुत्र देता है । पंचम भाव में सूर्य + गुरु छः पुत्र देते हैं । पंचमेश पंचम भाव में हो तथा उससे पांचवें स्थान (अर्थात् भाग्य भवन) में शनि हो तो सात पुत्र होते हैं । पंचमेश के साथ धनेश भी पंचम स्थान में हो तो छः पुत्र होते हैं, उनमें से तीन गुजर जाते हैं । शनि से पंचम भाव में गुरु हो तथा गुरु से पंचम भाव में शनि हो, पंचम भाव पापपीड़ित हो तो जातक के एक पुत्र होता है । सप्तमेश यदि तीसरे भाव में हो तो उसकी संतति नहीं जीती, बहुत यत्न करने से एक पुत्र जीवित रहता है । कन्या लग्न में पंचमेश शनि जलराशि (कर्क, वृश्चिक या मीन) में बुध के साथ हो तो जातक के आठ कन्याएं होती हैं ।

परिवार नियोजन के युग में एक पुत्र होने के बाद जातक ने ऑपरेशन करा लिया हो, अथवा अल्प संतति या विलंब संतति की इच्छा से अन्य अप्राकृतिक प्रसाधन प्रयोग में लेता हो तो ऐसी परिस्थिति में कुशल दैवज्ञ को देशकाल, परिस्थिति का पूर्ण ज्ञान करके ही संतान संबंधी फलादेश करना चाहिए ।

☐ कुपुत्र योग :–

पंचम भाव में केतु वाला जातक अपने पुत्र संतान से हमेशा झगड़ता रहेगा । पुत्र न हो तो दम्पत्ति पुत्र अभाव के कारण दुःखी रहते हैं । यदि पुत्र पैदा होकर मर

जाता है तो इंसान ज्यादा दुःखी होता है पर नाना प्रकार के कष्ट उठाकर, लाड़-प्यार से पाला हुआ पुत्र बड़ा होकर अवज्ञाकारी, मूर्ख एवं कलहकारी हो जाता है तो यह माता-पिता के लिए सबसे बड़ा दुःख है। मरे हुए पुत्र का दुःख तो व्यक्ति थोड़े समय में भूल सकता है पर नालायक पुत्र कदम-कदम पर माता-पिता को शूल की तरह पीड़ा देता है। अतः कुपुत्र योग के प्रति व्यक्ति सावधान होकर उसकी शांति का उपाय सर्वप्रथम करे, ऐसा मेरा निजि परामर्श है। पंचमेश यदि छठे भाव में पापग्रहों से युत हो तो पुत्र पिता का शत्रु होता है। ऐसे में पंचमेश की शांति का उपाय करें।

☐ संतानहीन योग :—

पंचमेश पापपीड़ित होकर छठे, आठवें, बारहवें हो एवं पंचम भाव में राहु हो, तो जातक के संतान नहीं होती। पंचमस्थ राहु या केतु से जातक की कुंडली में कालसर्पयोग बनता हो तो जातक के संतान नहीं होती। पंचमेश कमजोर हो तीन केंद्रों में पापग्रह हो तो जातक के संतान नहीं होती। लग्न में मंगल, अष्टम में शनि एवं पंचम में सूर्य हो तो जातक का वंश आगे नहीं चलता। चतुर्थ में पापग्रह, सप्तम में शुक्र एवं दसम में चंद्रमा हो तो जातक का वंश आगे नहीं चलता। चतुर्थभाव में पापग्रह हो तथा चंद्रमा से आठवें स्थान में भी पापग्रह हो तो जातक का वंश आगे नहीं चलता। ऐसी अवस्था में समय रहते जातक को वेद पाठी विद्वान् ब्राह्मण से दोष निवृति करा लेनी चाहिए।

☐ संतान बाधा और उपाय :—

भारतीय दर्शन आत्मा की अमरता के साथ पूर्व जन्म एवं पुनर्जन्म को मानता है तथा व्यवहारिक रूप से यह विज्ञान ज्योतिष शास्त्र के द्वारा पूर्ण-रूप से स्पष्ट मुखरित होता है। जन्म कुंडली के सूक्ष्म अध्ययन से स्पष्टतः पता चलता है कि पिछले अनेक जन्मों में जातक ने क्या-क्या पाप किए। जिसके कारण इस जन्म में संतान नहीं है, या संतान होकर मर जाती है या घर में कुपुत्र उत्पन्न हो रहे हैं। पुत्रोत्पत्ति एवं संतान सुख के लिए यह आवश्यक है कि जो-जो ग्रह बाधाकारक हो, उस-उस ग्रह के लिए, जो-जो जप, दान एवं शांति की क्रिया है, वो-वो करे। दोष निवृत्ति से पुत्रोत्पत्ति एवं संतान सुख की संभावना बढ़ जाती है। सेतु स्नान (मंत्र एवं संकल्पपूर्वक समुंद्र स्नान), सत्कथाओं के श्रवण कीर्तन, रूद्राभिषेक (शिवपूजा) तथा भगवान विष्णु के वृत, दान, श्राद्ध, नागप्रतिष्ठा (सर्प देवता की मूर्ति प्रतिष्ठा पूजन) आदि करने से संतान की प्राप्ति होती है। इससे कोई संदेह नहीं हमने श्रीविद्या यंत्र-तंत्र साधना पीठ कुडी-भगतासनी जोधपुर

(राज.) में दिनांक 1-1-1991 एवं दिनांक 21-10-93 को इसके प्रेक्टिकल किंतु सामूहिक प्रयोग किए, अद्भुत चमत्कार हुआ तथा बीस संतानहीनों को पुत्ररत्न की प्राप्ति हुई। ऐसे दंपत्तियों को पुत्र लाभ हुआ, जो डॉक्टरों के चक्कर काट-काट कई ऑपरेशन करा-करा कर, दवाई खाकर निराश हो गए। विवाह के बीस-बीस वर्ष बीतने पर संतान जिनके नहीं थी। जन्म कुंडली जन्म्य दोष की निवृत्ति कराने के बाद, कालसर्पयोग की शांति के बाद उन सभी के मनोवांछित संकल्प पूरे हुए तथा ऐसे सभी लोग भारतीय ज्योतिष एवं मंत्र विद्या से पक्के भक्त एवं दीवाने हो गए। यह है ज्योतिष विद्या का सही व सच्चे चमत्कार का परिणाम।

भारतीय ज्योतिष विज्ञान के अनुसार यदि संतान बाधाकारक ग्रह सूर्य है तो यह समझना चाहिए कि भगवान शंकर और गरूड़ के द्रोह करने के कारण या पितरों के शाप के कारण जातक को संतान सुख नहीं है। अत: सूर्य के वेदोक्त मंत्रों के सात हजार जप एवं तत्संबंधित वस्तुओं का दान तथा सूर्य को अर्घ्य देते हुए रविवार का नियमित व्रत रखना चाहए। हरिवंश पुराण के अनुसार ऐसे जातक को सिद्धिप्रद देवी की स्थापना करनी चाहिए।

यदि संतान प्रतिबंधक ग्रह चंद्रमा है तो माता, मौसी, सासु, गुरु पत्नी या किसी अन्य सधवा स्त्री के चित्त को दु:ख पहुंचाने के कारण जातक को संतान सुख नहीं है। अत: चंद्रमा के वेदोक्त मंत्रों के ग्यारह हजार जप करने चाहिए। चंद्रमा संबंध वस्तुओं का दान करते हुए सोमवार का नियमित व्रत रखना चाहिए। हरिवंश पुराण के अनुसार ऐसे जातक को शिव की उपासना करनी चाहिए।

यदि संतान प्रतिबंधक ग्रह मंगल हो तो ग्रामदेवता, भगवान कार्तिक स्वामी, शत्रु अथवा भाई-कुटंबीजनों के शाप के कारण जातक को संतान सुख नहीं होता। ऐसे में मंगल के वेदोक्त मंत्रों का दस हजार जप करना चाहिए। मंगल संबंधी वस्तुओं का दान करते हुए, मंगलवार का नियमित व्रत रखना चाहिए। हरिवंश पुराण के अनुसार ऐसे जातक को महारूद्र या अतिरूद्र यज्ञ कराना चाहिए।

यदि संतान अवरोधक ग्रह बुध है तो समझिए कि बिल्ली को मारने के कारण या मछलियों तथा अन्य प्राणियों के अंडों को नष्ट करने के कारण, कम उम्र के बालक-बालिकाओं (झडोलिए) के शाप से, भगवान् विष्णु के अनादर के कारण संतान नहीं हो रही है। ऐसे में जातक को बुध के वेदोक्त मंत्र के चार हजार जप करने चाहिए। बुध संबंधी वस्तुओं का दान करते हुएं, बुधवार का नियमित व्रत रखना चाहिए। हरिवंश पुराण के अनुसार ऐसे जातक का महाविष्णु या

अतिविष्णु यज्ञ कर कास्यपात्र दूध में देना चाहिए।

जन्म कुंडली में यदि बृहस्पति बिगड़ा हुआ है तो ऐसे व्यक्ति ने इस जन्म या पूर्व जन्म में फलदार वृक्षों को कटाया है। कुलगुरु, कुल देवता या किसी आदरणीय व्यक्ति का अपमान किया है। जिसके कारण जातक को संतान सुख नहीं होता। ऐसे में जातक को गुरु के वैदिक मंत्रों का 19, 000 जप करने चाहिए। गुरु संबंधित वस्तुओं का दान करते हुए, वृद्ध लोगों का आदर करते हुए गुरु की सेवा को एवं गुरुवार का नियमित व्रत करें। हरिवंश पुराण के अनुसार पितरों की तिथि को, श्राद्ध यज्ञ करना चाहिए।

यदि शुक्र के कारण संतान नहीं हो रही है तो समझिए इस व्यक्ति ने फल-पुष्प युक्त वृक्षों को कटवाया है। गौ के प्रति पाप किया। साध्वी स्त्री का शाप, गर्भपात बलात्कार का दोष, या यक्षिणी का शाप है। ऐसे में शुक्र के वेदोक्त मंत्रों का सोलह हजार जप कराना चाहिए, शुक्र की वस्तुओं के दान करते हुए, शुक्रवार का नियमित व्रत रखना चाहिए। हरिवंश पुराण के अनुसार गौ के पालन व दान में पुत्र अवश्य होगा।

जन्म कुंडली में यदि शनि बिगड़ा हुआ तो ऐसा समझिए कि जातक ने पीपल के वृक्ष कटवाए, मरते वक्त किसी की आत्मा को दुःखाया, निर्धन गरीब की हाय, पिशाच, प्रेत व मृतआत्मा के दोष से जातक को संतान का सुख नहीं है। ऐसे में शनि के वेदोक्त मंत्रों का तैंतीस हजार जप करना चाहिए। शनि संबंधी वस्तुओं का दान करना चाहिए एवं कीड़ि नगरा सींचते हुए शनिवार का नियमित व्रत रखना चाहिए। हरिवंश पुराण के अनुसार महामृत्युजप का जप व हवन संकल्पपूर्वक करना चाहिए।

यदि राहु के कारण संतान बाधा हो रही है तो सर्प के शाप के कारण ही ऐसा हुआ है। ऐसे में जातक को राहु के वेदोक्त मंत्रों के अठारह हजार जप करते हुए घर में नागपाश यंत्र का नित्य पूजन करना चाहिए। सर्दी में जरूरतमंदों को कंबल का दान करना चाहिए एवं बुधवार का व्रत रखना चाहिए। हरिवंश पुराण के अनुसार ऐसे जातक को पराई कन्या का दान संकल्पपूर्वक करना चाहिए तब पुत्र लाभ होता है।

यदि केतु के कारण संतान बाधा है तो ऐसे में ब्राह्मण का शाप, अपमान के कारण ऐसा हुआ है। ऐसे में जातक को केतु के वेदोक्त मंत्रों के सत्रह हजार जप करने चाहिए। ब्राह्मणों को सम्मान देकर प्रीतिपूर्वक ब्रह्मभोज करा उन्हें संतुष्ट करें, वस्त्र-उपवस्त्र, एवं दक्षिणा देनी चाहिए। इससे केतु का दोष नष्ट हो जाता है।

हरिवंश पुराण के अनुसार ऐसे जातक को कपिलवर्ण गाय का दान करना चाहिए।

यदि मांदि पंचम में हो या पंचमेश के साथ हो तो ऐसे में किसी प्रेत के शाप से ऐसा हुआ है। केतु या बृहस्पति भी मांदि के साथ हो तो पूर्व जन्म में किसी ब्राह्मण की हत्या संतान में बाधक है। किंतु मांदि यदि शुक्र या चंद्रमा के साथ हो तो व्यक्ति ने गाय या किसी युवति की हत्या पूर्व जन्म में की है। अत: ऐसे में ग्रह शांति कराते हुए संकल्पपूर्वक ब्राह्मणों को भोजन एवं दक्षिणा देकर तृप्त करें।

☐ संतान योग पर एक ऐतिहासिक घटना

कथा प्रसिद्ध है कि प्राचीनकाल में एक ब्रह्मण ने ज्योतिष में विशेष पंडित्य अर्जन किया। उसका विवाह अपने गांव से कुछ दूर दूसरे गांव की कन्या से हो चुका था। ब्राह्मण ने एक ऐसे पुत्र पैदा करने की कल्पना की जो कि बड़ा होकर महान् सम्राट बने। इस उद्देश्य से उस विद्वान् ब्राह्मण ने ज्योतिष विज्ञान के आधार पर गर्भाधान का ऐसा मुहूर्त व लग्न निकाला कि जिससे सम्राट ही पैदा हो पर यह बात उसने अपनी पत्नी को नहीं बतलाई।

सिंह के सूर्य को ध्यान में रखते हुए दो दिन पूर्व भाद्रपद माह में ब्राह्मण अपनी पत्नी को लेने के लिए ससुराल चल पड़ा। किन्तु तेज वर्षा के कारण बीच में पड़ने वाली गोदावरी नदी में जलस्तर इतना बढ़ गया कि नदी पार करना कठिन था। ब्राह्मण ने बहुत अनुनय-विनय की पर कोई भी नाविक उफनती हुई गोदावरी में नाव ड़ालने का साहस न कर सका। समय निकलता जा रहा था, नदी के उफान के साथ-साथ ब्राह्मण का मुख मलिन होता जा रहा था। ब्राह्मण की उद्विग्नता और अति मलीन चेहरे को देख कर एक कुम्हार ने उसके दु:ख का कारण पूछा। ब्राह्मण ने अपनी सारी कहानी और आकांक्षा उस कुम्हार को सुनाई। ब्राह्मण के दु:ख और तेजस्विता से प्रभावित होकर कुम्हार ने निवेदन किया किया कि नदी को पार करना तो सम्भव नहीं, पर आपकी अभिलाषा पूर्ण हो सकती है यदि आप मेरी पुत्री से गन्धर्व विवाह कर लें। मेरी पुत्री को आज प्रथम रजोदर्शन का चतुर्थ दिवस है। ब्राह्मण ने कुम्हार के प्रस्ताव को स्वीकार कर उसकी पुत्री से गन्धर्व विवाह किया तथा निश्चित मुहूर्त व लग्न में गर्भाधान संस्कार किया। परिणामत: कुम्हार की पत्नी गर्भवती हुई।

निर्धारित समय के बाद कुम्हार की पुत्री से ब्राह्मण के यहाँ एक तेजस्वी पुत्र उत्पन्न हुआ। जो आगे चलकर राजा शालिवाहन बना। जिसके नाम से दक्षिणी व मध्य भारत में आज भी **"शाक्य सम्वत्"** चलता है। अब तो यही हमारा राष्ट्रीय सम्वत् है। ज्योतिष शास्त्र एवं संतान योग की व्यवहारिक उपयोगिता पर यह ज्वलंत उदाहरण इसकी सच्चाई का सबसे बड़ा एतिहासिक प्रमाण है।

विशेष अनुभव

* पंचम में कर्क का बृहस्पति विलंब से संतति देगा। या तो वह अच्छी संतान देगा या उच्चकोटि की विद्या देगा। दोनों में से एक फल देगा। दोनों फल कभी नहीं देगा।
* पंचमस्थ शनि पर यदि गुरु की दृष्टि हो तो जातक के दो पत्नी होती हैं। उसके पहले पुत्र होगा बाद में पुत्री।
* बृहस्पति यदि मंगल के साथ हो, मंगल से दृष्टि हो पर वापस मंगल को न देख सके तो गुरु भावहीन हो जाएगा।
* राहु पंचम में प्राय: जारज संतान देता है।
* राहु जन्म कुंडली के पंचम भाव में सम राशियों (2, 4, 6, 8, 10, 12) में हो तो जातक के पहली संतति कन्या होगी। जातक स्वयं खोजी दृष्टि एवं दिव्यदृष्टा होता है।
* संतान संभावना का पता चलाने के लिए अथवा कुल कितनी संतानें होंगी इसका पता लगाने के लिए पति एवं पत्नी दोनों की जन्म कुंडलियों का सूक्ष्म निरीक्षण करना चाहिए। तभी वास्तविक स्थिति का पता चलेगा। क्योंकि संतान तो दोनों के योग से ही बनती है अत: केवल एक पक्षीय कुंडली देखने से काम नहीं चलता। मैंने बहुत से दृष्टांतों में दोनों की जन्म कुंडलियां देखी हैं जिसमें मेरा अनुभव है कि 70% दृष्टांतों में संतान-संख्या पुरुषों की जन्म

कुंडलियों पर से सही घटित हो जाती है। फिर भी स्त्री जातक की कुंडली अवश्य देखनी चाहिए, उससे सही स्थिति, किस योग के कारण किसमें क्या गड़बड़ है, इसका पता फौरन चल जाता है। यह भी अनुभव में आया कि भारतीय वातावरण-सभ्यता-संस्कार में पुष्पित एवं पल्लवित लोगों पर उपरोक्त योग सही रूप से ज्यादा घटित होते हैं।

मेष लग्न एवं संतान योग

(1) वैसे मेष लग्न अल्प संतति वाला है परंतु पंचमेश सूर्य आठवें हो तो जातक के अति अल्प संतति होती है।
(2) मेष लग्न में पंचमेश सूर्य अस्त या पापग्रस्त होकर छठे, आठवें या बारहवें स्थान में हो तो जातक के पुत्र नहीं होता।
(3) मेष लग्न में पंचमेश सूर्य लग्न (मेषराशि) में हो तथा गुरु से युत या दृष्ट हो तो जातक के प्रथम पुत्र होता है।
(4) मेष लग्न में मंगल हो, पंचम से सूर्य एवं आठवें बृहस्पति हो तो जातक के बहुत काल के बाद (जवानी बीत जाने पर) बहुत प्रयत्न करने पर पुत्र होता है।
(5) मेष लग्न में शनि हो, अष्टम में बृहस्पति एवं मंगल, बारहवें हो तो जातक के बहुत काल के बाद (जवानी बीत जाने पर) बहुत प्रयत्न करने पर पुत्र होता है।
(6) मेष लग्न में चंद्रमा ग्यारहवें हो, लग्न में पापग्रह हो, बृहस्पति से पांचवें स्थान में भी पापग्रह हो तो व्यक्ति की जवानी बीत जाने पर, बहुत प्रयत्न करने पर पुत्र होता है।
(7) मेष लग्न में पंचमेश सूर्य लग्न में हो तथा लग्नेश मंगल पंचम स्थान में परस्पर परिवर्तन करके बैठे हो तो जातक दूसरे की संतान गोद लेता है।
(8) राहु, सूर्य एवं मंगल पंचम भाव में हो तो ऐसे जातक को शल्यचिकित्सा द्वारा कष्ट से पुत्र संतान की प्राप्ति होती है। आज की भाषा में ऐसे बालक

को, **"सिजेरियन चाइल्ड"** कहते हैं ।

(9) मेष लग्न में पंचमेश कमजोर हो तथा राहु एकादश में हो तो जातक को वृद्धावस्था में संतान की प्राप्ति होती है ।

(10) पंचम स्थान में राहु, केतु या शनि इत्यादि पापग्रह हो तो गर्भपात अवश्य होता है ।

(11) मेष लग्न में लग्नेश मंगल द्वितीय स्थान में हो तथा पंचमेश, सूर्य पापग्रस्त या पापपीड़ित हो तो जातक के पुत्र उत्पन्न होने के बाद नष्ट हो जाता है ।

(12) मेष लग्न में शनि मंगल पंचम भाव में बैठे हो और पंचमेश सूर्य छठे चला गया हो तो जातक को पुत्र का सुख नहीं मिलता । पुत्र उत्पन्न जरूर होता है पर कुछ कालांतर के बाद मृत्यु को प्राप्त हो जाता है ।

(13) मेष लग्न में पंचमेश सूर्य बारहवें शुभग्रहों से युत या दुष्ट हो तो जातक की वृद्धावस्था में पुत्र की अकाल मृत्यु होती है जिससे जातक को संसार से विरक्ति होकर वैराग्य की प्राप्ति होगी ।

(14) पंचमेश यदि वृष, कर्क, कन्या या तुला राशि में हो तो जातक को प्रथम संतति के रूप में कन्यारत्न की प्राप्ति होती है ।

(15) मेष लग्न में पंचमेश सूर्य की सप्तमेश शुक्र से युति हो तो जातक को प्रथम संतति के रूप में कन्यारत्न की प्राप्ति होती है ।

(16) समराशि (2, 4, 6, 8, 10, 12) में गया हुआ बुध कन्या संतति की बाहुल्यता देता है । यदि चंद्रमा और शुक्र का भी पंचम भाव पर प्रभाव हो तो यह योग अधिक पुष्ट हो जाता है ।

(17) पंचमेश सूर्य निर्बल हो, लग्नेश मंगल निर्बल हो तथा पंचम भाव में राहु हो तो जातक के सर्पदोष के कारण पुत्र संतान नहीं होती ।

(18) पंचम भाव में राहु हो और एकादश स्थान में स्थित केतु के मध्य सारे ग्रह हो तो पद्मनामक **"कालसर्प योग"** के कारण जातक के पुत्र संतान नहीं होती । ऐसे जातक को वंश वृद्धि की चिंता एवं मानसिक तनाव रहता है ।

(19) सूर्य अष्टम हो, पंचम भाव में शनि हो, पंचमेश राहु से युत हो तो जातक को पितृदोष होता है तथा पितृशाप के कारण पुत्र संतान नहीं होती ।

(20) लग्न में मंगल, अष्टम में शनि, पंचम से सूर्य एवं बारहवें स्थान में राहु या केतु हो तो **"वंशविच्छेद योग"** बनता है । ऐसे जातक के स्वयं का वंश समाप्त हो जाता है । आगे पीढ़ियां नहीं चलतीं ।

(21) मेष लग्न के चतुर्थभाव में पापग्रह हो तथा चंद्रमा जहां बैठा हो उससे आठवें स्थान में पापग्रह हो तो **"वंशविच्छेद योग"** बनता है । ऐसे जातक के स्वयं का वंश समाप्त हो जाता है, उसके आगे पीढ़ियां नहीं चलतीं ।

(22) तीन केंद्रों में पापग्रह हो तो व्यक्ति को **"इलाख्य नामक"** सर्पयोग बनता

है । इस दोष के कारण जातक को पुत्र संतान का सुख नहीं मिलता । दोष निवृति पर शांति हो जाती है ।

(23) मेष लग्न में पंचमेश पंचम, षष्ठ या द्वादश भाव में हो तथा पंचम भाव शुभ ग्रहों से दृष्ट न हो तो **"अनपत्य योग"** बनता है ऐसे जातक को निर्बीज पृथ्वी की तरह संतान उत्पन्न नहीं होती पर उपाय से दोष शांत हो जाता है ।

(24) पंचम भाव मंगल बुध की युति हो तो जातक के जुड़वां संतान होती है । पुत्र या पुत्री की कोई शर्त नहीं ।

(25) जिस स्त्री की जन्म कुंडली में सूर्य लग्न में और शनि यदि सातवें हो, अथवा सूर्य + शनि की युति सातवें हो, तथा दसम भाव बृहस्पति की दृष्टि हो तो **"अनगर्भा योग"** बनता है ऐसी स्त्री गर्भधारण करने योग्य नहीं होती ।

(26) जिस स्त्री की जन्म कुंडली में शनि + मंगल छठे या चौथे स्थान में हो तो **"अनगर्भायोग"** बनता है ऐसी स्त्री गर्भधारण करने योग्य नहीं होती ।

(27) शुभ ग्रहों के साथ सूर्य+चंद्रमा यदि पंचमस्थान में हो तो **"कुलवर्द्धन योग"** बनता है । ऐसी स्त्री दीर्घजीवी, धनी एवं ऐश्वर्यशाली संतानों को उत्पन्न करती है ।

(28) पंचमेश मिथुन या कन्या राशि में हो, बुध से युत हो, पंचमेश और पंचमभाव पर पुरुष ग्रहों की दृष्टि न हो तो जातक को **"केवल कन्या योग"** होता है । पुत्र संतान नहीं होता ।

(29) मेष लग्न हो, सप्तम भाव, शुक्र, शनि व राहु के प्रभाव में हो अर्थात् लग्न में शुक्र, दूसरे शनि व 12वें राहु हो तो जातक के संतान नहीं होती ।

वृष लग्न और संतान योग

(1) वैसे वृष लग्न अल्प संतति वाला है। वृष लग्न में पंचमेश बुध आठवें हो तो जातक के अल्प संतति होती है।

(2) वृष लग्न में पंचमेश बुध अस्त हो या पापग्रस्त होकर छठे, आठवें या बारहवें स्थान में हो तो व्यक्ति के पुत्र नहीं होता।

(3) वृष लग्न में पंचमेश बुध लग्न (वृषराशि) में हो, तथा बृहस्पति से युत या दृष्ट हो तो जातक के प्रथम पुत्र होता है।

(4) वृष लग्न में मंगल हो, पंचमस्थ सूर्य हो तथा शनि आठवें हो तो जातक की जवानी बीत जाने पर, बहुत प्रयत्न करने पर पुत्र होता है।

(5) वृष लग्न में शनि हो, बृहस्पति आठवें एवं मंगल बारहवें हो तो जातक की जवानी बीत जाने पर बहुत प्रयत्न करने पर पुत्र होता है।

(6) वृष लग्न में पापग्रह हो, बृहस्पति से पांचवें भी पापग्रह हो, चंद्रमा ग्यारहवें मीन राशि का हो तो व्यक्ति की जवानी बीत जाने के बाद, बहुत प्रयत्न करने से पुत्र होता है।

(7) वृष लग्न में बुध लग्न में हो तथा लग्नेश शुक्र पंचम भाव में परस्पर परिवर्तन करके बैठे हो तो जातक दूसरे की संतान गोद लेता है तथा उसे अपने बच्चे की तरह पालता है।

(8) वृष लग्न में बुध यदि पंचम भाव में हो तो जातक के तीन कन्याएं होती है। यदि साथ में चंद्रमा हो तो चार कन्याएं होती है।

(9) राहु, सूर्य एवं मंगल पंचम भाव में हो तो ऐसे जातक को शल्यचिकित्सा

द्वारा कष्ट से पुत्र संतान की प्राप्ति होती है। आज की भाषा में ऐसे बालक को "**सिजेरियन चाइल्ड**" कहते हैं।

(10) वृष लग्न में पंचमेश बुध कमजोर हो तथा राहु एकादश में हो तो जातक को वृद्धावस्था में संतान की प्राप्ति होती है।

(11) पंचम स्थान में राहु, केतु या शनि इत्यादि पापग्रह हो तो गर्भपात अवश्य होता है।

(12) वृष लग्न में लग्नेश शुक्र द्वितीय स्थान में हो तथा पंचमेश बुध पापग्रह या पापपीड़ित हो तो जातक के पुत्र उत्पन्न होने के बाद नष्ट हो जाता है।

(13) वृष लग्न में पंचमेश बुध बारहवें स्थान में शुभ ग्रहों से युत या दृष्ट हो ऐसे व्यक्ति के पुत्र की वृद्धावस्था में अकाल मृत्यु होती है जिससे जातक को संसार से विरक्ति होकर वैराग्य की प्राप्ति होती है।

(14) पंचमेश यदि वृष, कर्क, कन्या या तुला राशि में हो तो जातक को प्रथम संतति के रूप में कन्यारत्न की प्राप्ति होती है।

(15) वृष लग्न में पंचमेश बुध की सप्तमेश मंगल से युति हो तो जातक को प्रथम संतान के रूप में कन्या रत्न की प्राप्ति होती है।

(16) वृष लग्न हो पांच भाव में स्थित राशि के नवांश शनि, बुध, शुक्र या चंद्र से युक्त हों तो कन्याएं अधिक होती हैं।

(17) राहु व मंगल एकादश भाव में हों, शनि सूर्य लग्न में हो, शुक्र मेषस्थ हो तो जातक की संतान गूंगी व बहरी होती है।

(18) समराशि (2, 4, 6, 8, 10, 12) में गया हुआ बुध कन्या संतति की बाहुल्यता देता है। यदि चंद्रमा और शुक्र का भी पंचम भाव पर प्रभाव हो तो यह योग अधिक पुष्ट हो जाता है।

(19) पंचमेश बुध निर्बल हो, लग्नेश शुक्र भी निर्बल हो तथा पंचम भाव में राहु हो तो जातक को सर्प दोष के कारण पुत्र संतान नहीं होती।

(20) पंचम भाव में राहु हो और एकादश स्थान में स्थित केतु के मध्य सारे ग्रह हो तो पद्मनामक "**कालसर्प योग**" के कारण जातक के पुत्र संतान नहीं होती। ऐसे जातक को वंश वृद्धि की चिंता एवं मानसिक तनाव रहता है।

(21) सूर्य अष्टम हो, पंचम भाव में शनि हो, पंचमेश राहु से युत हो तो जातक को पितृदोष होता है तथा पितृशाप के कारण पुत्र संतान नहीं होती।

(22) लग्न में मंगल, अष्टम में शनि, पंचम से सूर्य एवं बारहवें स्थान में राहु या केतु हो तो "**वंशविच्छेद योग**" बनता है ऐसे जातक के स्वयं का वंश समाप्त हो जाता है। आगे पीढ़ियां नहीं चलतीं।

(23) वृष लग्न के चतुर्थभाव में पापग्रह हो तथा चंद्रमा यहां बैठा हो उससे आठवें स्थान में पापग्रह हो तो "**वंशविच्छेद योग**" बनता है। ऐसे जातक

के स्वयं का वंश समाप्त हो जाता है, उसके आगे पीढ़ियां नहीं चलतीं।

(24) तीन केंद्रों में पापग्रह हो तो व्यक्ति **"इलाख्य नामक"** सर्पयोग बनता है। इस दोष के कारण जातक को पुत्र संतान का सुख नहीं मिलता दोष निवृति पर शांति हो जाती है।

(25) वृष लग्न में पंचमेश पंचम, षष्ठ या द्वादश भाव में हो तथा पंचम भाव शुभग्रहों से दृष्ट न हो तो **"अनपत्ययोग"** बनता है ऐसे जातक को निर्बीज पृथ्वी की तरह संतान उत्पन्न नहीं होती पर उपाय से दोष शांत हो जाता है।

(26) पंचम भाव मंगल बुध की युति हो तो जातक के जुडवां संतान होती है। पुत्र या पुत्री की कोई शर्त नहीं।

(27) जिस स्त्री की जन्म कुंडली में सूर्य लग्न में और शनि यदि सातवें हो, अथवा सूर्य+शनि की युति सातवें हो, तथा दसम भाव पर बृहस्पति की दृष्टि हो तो **"अनगर्भायोग"** बनता है ऐसी स्त्री गर्भधारण योग्य नहीं होती।

(28) जिस स्त्री की जन्म कुंडली में शनि + मंगल छठे या चौथे स्थान में हो तो **"अनगर्भायोग"** बनता है ऐसी स्त्री गर्भधारण करने योग्य नहीं होती।

(29) शुभ ग्रहों के साथ सूर्य + चंद्रमा यदि पंचम स्थान में हो तो **"कुलवर्द्धन योग"** बनता है। ऐसी स्त्री दीर्घजीवी, धनी एवं ऐश्वर्यवान संतानों को उत्पन्न करती है।

(30) पंचमेश मिथुन या कन्या राशि में हो, बुध से युत हो, पंचमेश और पंचमभाव पर पुरुष ग्रहों की दृष्टि न हो तो जातक को **"केवल कन्या योग"** होता है। पुत्र संतान नहीं होता।

मिथुन लग्न और संतान योग

(1) मिथुन लग्न में चंद्रमा तुला का पंचम भाव में हो तो जातक के एक पुत्र होता है ।

(2) मिथुन लग्न में पंचमेश शुक्र यदि आठवें हो तो जातक के अल्प संतति होती है ।

(3) मिथुन लग्न में पंचमेश शुक्र अस्त हो या पापपीड़ित होकर छठे, आठवें या बारहवें स्थान में हो तो जातक के पुत्र नहीं होता ।

(4) मिथुन लग्न में पंचमेश शुक्र लग्न (मिथुन राशि) में हो तथा बृहस्पति से युत या दृष्ट हो तो जातक के प्रथम पुत्र होता है ।

(5) मिथुन लग्न में शुक्र लग्न में हो तथा लग्नेश बुध पंचम भाव में परस्पर परिवर्तन करके बैठे हो तो जातक दूसरे की संतान गोद लेता है तथा उसको अपने बच्चे की तरह पालकर अपने धन का स्वामी बनाता है ।

(6) मिथुन लग्न के पंचम भाव में शुक्र हो तो जातक के छः कन्याएं होती है ।

(7) मिथुन लग्न में सूर्य पंचम में हो तथा मकर या कुंभ के नवमांश में पापपीड़ित हो तो जातक के पितृशाप का दोष होता है जिसके कारण उसे पुत्र संतान नहीं होता ।

(8) राहु, सूर्य एवं मंगल पंचम भाव में हो तो ऐसे जातक को शल्यचिकित्सा द्वारा कष्ट से पुत्र संतान की प्राप्ति होती है । आज की भाषा में ऐसे बालक को **"सिजेरियन चाइल्ड"** कहते हैं ।

(9) मिथुन लग्न में पंचमेश शुक्र कमजोर हो तथा राहु एकादश में हो तो जातक

के वृद्धावस्था में संतान होती है ।

(10) पंचम स्थान में राहु, केतु या शनि इत्यादि पापग्रह हो तो गर्भपात अवश्य होता है ।

(11) मिथुन लग्न में लग्नेश बुध द्वितीय स्थान में तथा पंचमेश शुक्र पापग्रस्त या पापपीड़ित हो तो जातक के पुत्र उत्पन्न होने के बाद नष्ट हो जाते हैं ।

(12) मिथुन लग्न में पंचमेश शुक्र बारहवें स्थान में शुभ ग्रहों से युत या दृष्ट हो तो ऐसे व्यक्ति के पुत्र की वृद्धावस्था में अकाल मृत्यु होती है जिससे जातक के संसार से विरक्त होकर वैराग्य की ओर उन्मुख होता है ।

(13) पंचमेश यदि वृष, कर्क, कन्या या तुला राशि में हो तो जातक को प्रथम संतति के रूप में कन्यारत्न की प्राप्ति होती है ।

(14) मिथुन लग्न में पंचमेश शुक्र की सप्तमेश गुरु के साथ युति हो जातक को प्रथम संतान के रूप में कन्यारत्न की प्राप्ति होती है ।

(15) सप्तमेश गुरु व तृतीयेश सूर्य की अन्योन्याश्रित योग होने से जातक के संतान बहुत होती है ।

(16) शुक्र कन्या का तथा सूर्य पंचम भाव में होने पर जातक के कन्याएं अधिक होती हैं ।

(17) शुक्र धनु का, चंद्र मीन का तथा कन्या राशिस्थ शनि, मंगल, राहु हो तो जातक के संतान नहीं होती ।

(18) गुरु धनु का हो तथा शुक्र, मंगल कहीं भी एक साथ होने पर उस स्त्री को संतान नहीं होती ।

(19) सप्तम स्थान में शनि, मंगल साथ हो तो स्त्री (जातक) के संतान होती ही नहीं ।

(20) स्त्री जातक के सप्तम भाव में सूर्य हो तो वह स्त्री दुष्टा होती है । पति से सदा अनबन रहती है तथा संतान गुणहीन होती है ।

(21) समराशि (2, 4, 6, 8, 10, 12) में गया हुआ बुध कन्या संतति की बाहुल्यता देता है । यदि चंद्रमा और शुक्र का भी पंचम भाव पर प्रभाव हो तो यह योग अधिक पुष्ट हो जाता है ।

(22) पंचमेश शुक्र निर्बल हो, लग्नेश बुध भी निर्बल हो तो पंचम भाव में राहु हो तो जातक के सर्पदोष के कारण पुत्र संतान नहीं होती ।

(23) पंचम भाव में राहु हो और एकादश स्थान में स्थित केतु के मध्य सारे ग्रह हो तो पद्मनामक **"कालसर्पयोग"** के कारण जातक के पुत्र संतान नहीं होती । ऐसे जातक को वंश वृद्धि की चिंता एवं मानसिक तनाव रहता है ।

(24) सूर्य अष्टम हो, पंचम भाव में शनि हो, पंचमेश राहु से युत हो तो जातक को पितृदोष होता है तथा पितृशाप के कारण पुत्र संतान नहीं होती ।

(25) मिथुन लग्न में चतुर्थभाव में पापग्रह हो तथा चंद्रमा जहां बैठा हो उससे आठवें स्थान में पापग्रह हो तो **"वंशविच्छेद योग"** बनता है। ऐसे जातक के स्वयं का वंश समाप्त हो जाता है, उसके आगे पीढ़ियां नहीं चलतीं।

(26) तीन केंद्रों में पापग्रह हो तो व्यक्ति को **"इलाख्य नामक"** सर्पयोग बनता है। इस दोष के कारण जातक को पुत्र संतान का सुख नहीं मिलता। दोष निवृति पर शांति हो जाती है।

(27) मिथुन लग्न में पंचमेश पंचम, षष्ठ या द्वादश भाव में हो तथा पंचम भाव शुभ ग्रहों से दृष्ट न हो तो **"अनपत्ययोग"** बनता है। ऐसे जातक को निर्बीज पृथ्वी की तरह संतान उत्पन्न नहीं होती पर उपाय से दोष शांत हो जाता है।

(28) पंचम भाव मंगल बुध की युति हो तो जातक के जुड़वा संतान होती है। पुत्र या पुत्री की कोई शर्त नहीं।

(29) जिस स्त्री की जन्म कुंडली में सूर्य लग्न में और शनि यदि सातवें हो, अथवा सूर्य + शनि की युति सातवें हो, तथा दसम भाव पर बृहस्पति की दृष्टि हो तो **"अनगर्भायोग"** बनता है। ऐसी स्त्री गर्भधारण योग्य नहीं होती।

(30) जिस स्त्री की जन्म कुंडली में शनि + मंगल छठे या चौथे स्थान में हो तो **"अनगर्भायोग"** बनता है। ऐसी स्त्री गर्भधारण करने योग्य नहीं होती।

(31) शुभ ग्रहों के साथ सूर्य+चंद्रमा यदि पंचम स्थान में हो तो **"कुलवर्द्धन योग"** बनता है। ऐसी स्त्री दीर्घजीवी, धनी एवं ऐश्वर्यशाली संतानों को उत्पन्न करती है।

(32) पंचमेश मिथुन या कन्या राशि में हो, बुध से युत हो, पंचमेश और पंचम भाव पर पुरुष ग्रहों की दृष्टि न हो तो जातक को **"केवल कन्या योग"** होता है। पुत्र संतान नहीं होता।

कर्क लग्न और संतान योग

(1) वैसे कर्क लग्न अल्प संतति वाला है परंतु कर्क लग्न में पंचमेश मंगल यदि आठवें हो तो जातक के अत्यल्प संतति होती है ।

(2) कर्क लग्न में पंचमेश मंगल अस्त हो या पापपीड़ित होकर छठे, आठवें या बारहवें स्थान में हो तो जातक के पुत्र नहीं होता ।

(3) कर्क लग्न में पंचमेश मंगल यदि कर्क, वृश्चिक या मीन राशि में हो जातक के पहली संतान कन्या ही होती है ।

(4) कर्क लग्न में पंचमेश मंगल विषम राशि में हो तथा बृहस्पति से युत या दृष्ट हो तो व्यक्ति के प्रथम संतान पुत्र ही होता है ।

(5) कर्क लग्न में मंगल हो, पंचमस्थ सूर्य हो तथा शनि आठवें स्थान में हो तो व्यक्ति की जवानी बीत जाने के बाद, बहुत प्रयत्न करने पर पुत्र होता है ।

(6) कर्क लग्न में शनि हो, बृहस्पति आठवें एवं मंगल बारहवें स्थान में हो तो व्यक्ति की जवानी बीत जाने के बाद, बहुत प्रयत्न करने पर पुत्र होता है ।

(7) कर्क लग्न में पापग्रह हो, बृहस्पति से पांचवें स्थान में भी पापग्रह हो, चंद्रमा ग्यारहवें वृष राशि का हो तो बहुत प्रयत्न करने पर, जवानी बीत जाने के बाद व्यक्ति को पुत्र रत्न की प्राप्ति होती है ।

(8) कर्क लग्न में मंगल पंचम भाव में वृश्चिक का हो तो जातक के तीन पुत्र होते हैं ।

(9) कर्क लग्न में मंगल लग्न में तथा चंद्रमा पंचम भाव में परस्पर परिवर्तन करके बैठे हो तो जातक दूसरे की संतान गोद लेता है तथा उसे अपने लड़के

की तरह पालकर, धन का स्वामी बनाता है।

(10) कर्क लग्न के पंचम भाव में राहु हो तथा राहु मंगल से दृष्ट हो तो जातक को पुत्र का सुख नहीं मिलता। इसके पुत्र उत्पन्न तो होता है पर कुछ कालांतर के बाद मृत्यु को प्राप्त हो जाता है।

(11) कर्क लग्न में पंचमेश मंगल पंचम, षष्ठ या द्वादश स्थान में हो और पंचम भाव शुभ ग्रहों से दृष्ट न हो तो **"अनपत्ययोग"** बनता है। ऐसे जातक को निर्बीज पृथ्वी की तरह पुत्र संतान उत्पन्न नहीं होती पर दोष निवृति के उपायों से शांति हो जाती है।

(12) राहु, सूर्य एवं मंगल पंचम भाव में हो तो ऐसे जातक को शल्यचिकित्सा द्वारा कष्ट से पुत्र संतान की प्राप्ति होती है। आज की भाषा में ऐसे बालक को **"सिजेरियन चाइल्ड"** कहते हैं।

(13) कर्क लग्न में पंचमेश मंगल कमजोर हो तथा राहु एकादश में हो तो जातक के वृद्धावस्था में संतान होती है।

(14) पंचम स्थान में राहु, केतु या शनि इत्यादि पापग्रह हो तो गर्भपात अवश्य होता है।

(15) कर्क लग्न में लग्नेश चंद्र द्वितीय स्थान में हो तथा पंचमेश मंगल पापग्रस्त या पापपीड़ित हो तो जातक के पुत्र उत्पन्न होने के बाद नष्ट हो जाते हैं।

(16) कर्क लग्न में पंचमेश मंगल बारहवें स्थान में शुभ ग्रहों से युत या दृष्ट हो तो ऐसे व्यक्ति के पुत्र की वृद्धावस्था में अकाल मृत्यु होती है जिससे जातक संसार से विरक्त होकर वैराग्य की ओर उन्मुख होता है।

(17) पंचमेश यदि वृष, कर्क, कन्या या तुला राशि में हो तो जातक को प्रथम संतति के रूप में कन्यारत्न की प्राप्ति होती है।

(18) कर्क लग्न में पंचमेश मंगल की सप्तमेश शनि से युति हो तो जातक को प्रथम संतान के रूप में कन्या रत्न की प्राप्ति होती है।

(19) पंचम स्थान में मंगल, राहु हों, तो वह मनुष्य संतान होते हुए भी संतान सुख प्राप्त नहीं कर पाता।

(20) समराशि (2, 4, 6, 8, 10, 12) में गया हुआ बुध कन्या संतति की बाहुल्यता देता है। यदि चंद्रमा और शुक्र का भी पंचम भाव पर प्रभाव हो तो यह योग अधिक पुष्ट हो जाता है।

(21) पंचमेश मंगल निर्बल हो, लग्नेश चंद्रमा भी निर्बल हो तथा पंचमभाव में राहु हो तो जातक को सर्पदोष के कारण पुत्र संतान नहीं होती।

(22) पंचम भाव में राहु हो और एकादश स्थान में स्थित केतु के मध्य सारे ग्रह हो तो पद्मनामक **"कालसर्पयोग"** के कारण जातक के पुत्र संतान नहीं होती। ऐसे जातक को वंश वृद्धि की चिंता एवं मानसिक तनाव रहता है।

(23) सूर्य अष्टम हो, पंचम भाव में शनि हो, पंचमेश राहु से युत हो तो जातक को पितृदोष होता है तथा पितृशाप के कारण पुत्र संतान नहीं होती ।

(24) लग्न में मंगल, अष्टम में शनि, पंचम में सूर्य एवं बारहवें स्थान में राहु या केतु हो तो **"वंशविच्छेद योग"** बनता है । ऐसे जातक के स्वयं का वंश समाप्त हो जाता है आगे पीढ़ियां नहीं चलती ।

(25) कर्क लग्न के चतुर्थ भाव में पापग्रह हो तथा चन्द्रमा जहां बैठा हो उससे आठवें स्थान में पापग्रह हो तो **"वंशविच्छेद योग"** बनता है । ऐसे जातक के स्वयं का वंश समाप्त हो जाता है, उसके आगे पीढ़ियां नहीं चलतीं ।

(26) तीन केन्द्रों में पापग्रह हो तो व्यक्ति को **"इलाख्य नामक"** सर्पयोग बनता है । इस दोष के कारण जातक को पुत्र संतान का सुख नहीं मिलता । दोष निवृति पर शांति हो जाती है ।

(27) क़र्क लग्न में पंचमेश पंचम, षष्ठ या द्वादश भाव में हो तथा पंचम भाव शुभ ग्रहों से दृष्ट न हो तो **"अनपत्ययोग"** बनता है ऐसे जातक को निर्बीज पृथ्वी की तरह संतान उत्पन्न नहीं होती पर उपाय से दोष शांत हो जाता है ।

(28) पंचम भाव मंगल बुध की युति हो तो जातक के जुड़वा संतान होती है । पुत्र या पुत्री की कोई शर्त नहीं ।

(29) जिस स्त्री की जन्म कुंडली में सूर्य लग्न में और शनि यदि सातवें हो, अथवा सूर्य + शनि् की सुति सातवें हो, तथा दसम भाव पर बृहस्पति की दृष्टि हो तो **"अनगर्भायोग"** बनता है ऐसी स्त्री गर्भधारण योग्य नहीं होती ।

(30) जिस स्त्री की जन्म कुंडली में शनि-मंगल छठे या चौथे स्थान में हो तो **"अनगर्भायोग"** बनता है ऐसी स्त्री गर्भधारण करने योग्य नहीं होती ।

(31) शुभ ग्रहों के साथ सूर्य + चंद्रमा यदि पंचम स्थान में हो तो **"कुलवर्द्धन योग"** बनता है । ऐसी स्त्री दीर्घजीवी, धनी एवं ऐश्वर्यशाली संतानों को उत्पन्न करती है ।

(32) पंचमेश मिथुन या कन्या राशि में हो, बुध से युत हो, पंचमेश और पंचम भाव पर पुरुष ग्रहों की दृष्टि न हो तो जातक को **"केवल कन्या योग"** होता है । पुत्र संतान नहीं होती ।

सिंह लग्न और संतान योग

(1) सिंह लग्न में पंचमेश गुरु यदि आठवें हो तो जातक के अल्प संतति होती है।

(2) सिंह लग्न में पंचमेश गुरु अस्त हो या पापग्रस्त होकर छठे, आठवें या बारहवें स्थान में हो तो व्यक्ति के पुत्र नहीं होता।

(3) सिंह लग्न में पंचमेश गुरु लग्न में हो तथा मंगल या सूर्य से युत किंवा दृष्ट हो तो जातक के प्रथम संतान पुत्र ही होगा।

(4) सिंह लग्न में पंचमस्थ गुरु धनु राशि में हो तो जातक के पांच पुत्र होते हैं। यदि सूर्य भी साथ में हो तो छ: पुत्र होंगे।

(5) सिंह लग्न में पंचमेश गुरु लग्न में हो एवं लग्नेश सूर्य पंचम में परस्पर परिवर्तन करके बैठे हो तो जातक दूसरों की संतान गोद लेकर पालता है।

(6) सिंह लग्न में सूर्य+चंद्रमा में हो तथा मंगल राहु व शनि से युत हो तो ऐसे जातक को मातृ शाप के कारण पुत्र संतान नहीं होती।

(7) राहु, सूर्य एवं मंगल पंचम भाव में हो तो ऐसे जातक को शल्यचिकित्सा द्वारा कष्ट से पुत्र संतान की प्राप्ति होती है। आज की भाषा में ऐसे बालक को **"सिजेरियन चाइल्ड"** कहते हैं।

(8) सिंह लग्न में पंचमेश गुरु कमजोर हो राहु एकादश में हो तो जातक को वृद्धावस्था में संतान होती है।

(9) पंचम स्थान में राहु, केतु या शनि इत्यादि पापग्रह हो तो गर्भपात अवश्य होता है।

(10) सिंह लग्न में लग्नेश सूर्य द्वितीय स्थान में हो तथा पंचमेश गुरु पापग्रस्त या पापपीड़ित हो तो जातक के पुत्र उत्पन्न होने के बाद नष्ट हो जाते हैं।

(11) सिंह लग्न में पंचमेश गुरु बारहवें स्थान में शुभ ग्रहों से युत या दृष्ट हो तो ऐसे व्यक्ति के पुत्र की वृद्धावस्था में अकाल मृत्यु होती है जिससे जातक संसार से विरक्त होकर वैराग्य की ओर उन्मुख होता है।

(12) पंचमेश यदि वृष, कर्क, कन्या या तुला राशि में हो तो जातक को प्रथम संतति के रूप में कन्यारत्न की प्राप्ति होती है।

(13) सिंह लग्न में पंचमेश गुरु की सप्तमेश शनि से युति हो तो जातक को प्रथम संतान के रूप में कन्या रत्न की प्राप्ति होती है।

(14) गुरु सिंह लग्न में हो एवं पंचम भाव पर दृष्टि होने से जातक के पुत्र अधिक होते हैं।

(15) लग्न में पापग्रह, चतुर्थ में चंद्रमा, लग्नेश धनु राशि में पंचम भाव में हो तथा पंचमेश बलहीन हो तो जातक वंश विच्छेदक होता है।

(16) समराशि (2, 4, 6, 8, 10, 12) में गया हुआ बुध कन्या संतति की बाहुल्यता देता है। यदि चंद्रमा और शुक्र का भी पंचम भाव पर प्रभाव हो तो यह योग अधिक पुष्ट हो जाता है।

(17) पंचमेश गुरु निर्बल हो, लग्नेश सूर्य भी निर्बल हो तथा पंचम भाव में राहु हो तो जातक के सर्पदोष के कारण पुत्र संतति नहीं होती।

(18) पंचम भाव में राहु हो और एकादश स्थान में स्थित केतु के मध्य सारे ग्रह हो तो पद्मनामक **"कालसर्पयोग"** के कारण जातक के पुत्र संतान नहीं होती। ऐसे जातक को वंश वृद्धि की चिंता एवं मानसिक तनाव रहता है।

(19) सूर्य अष्टम हो, पंचम भाव में शनि हो, पंचमेश राहु से युत हो तो जातक को पितृदोष होता है तथा पितृशाप के कारण पुत्र संतान नहीं होती।

(20) लग्न में मंगल, अष्टम में शनि, पंचम से सूर्य एवं बारहवें स्थान में राहु या केतु हो तो **"वंशविच्छेद योग"** बनता है। ऐसे जातक के स्वयं का वंश समाप्त हो जाता है आगे पीढ़ियां नहीं चलतीं।

(21) सिंह लग्न के चतुर्थभाव में पापग्रह हो तथा चंद्रमा जहां बैठा हो उससे आठवें स्थान में पापग्रह हो तो **"वंशविच्छेद योग"** बनता है। ऐसे जातक के स्वयं का वंश समाप्त हो जाता है, उसके आगे पीढ़ियां नहीं चलतीं।

(22) तीन केंद्रों में पापग्रह हो तो व्यक्ति को **"इलाख्य नामक"** सर्पयोग बनता है। इस दोष के कारण जातक को पुत्र संतान का सुख नहीं मिलता। दोष निवृति पर शांति हो जाती है।

(23) सिंह लग्न में पंचमेश पंचम, षष्ठ या द्वादश भाव में हो तथा पंचम भाव शुभ ग्रहों से दृष्ट न हो तो **"अनपत्ययोग"** बनता है। ऐसे जातक को निर्बीज

पृथ्वी की तरह संतान उत्पन्न नहीं होती पर उपाय से दोष शांत हो जाता है ।

(24) पंचम भाव मंगल + बुध की युति हो तो जातक के जुड़वा संतान होती है । पुत्र या पुत्री की कोई शर्त नहीं ।

(25) जिस स्त्री की जन्म कुंडली में सूर्य लग्न में और शनि यदि सातवें हो, अथवा सूर्य + शनि की युति सातवें हो, तथा दसम भाव पर बृहस्पति की दृष्टि हो तो "**अनगर्भायोग**" बनता है ऐसी स्त्री गर्भधारण योग्य नहीं होती ।

(26) जिस स्त्री की जन्म कुंडली में शनि+मंगल छठे या चौथे स्थान में हो तो "**अनगर्भायोग**" बनता है ऐसी स्त्री गर्भ धारण करने योग्य नहीं होती ।

(27) शुभ ग्रहों के साथ सूर्य+चंद्रमा यदि पंचम स्थान में हो तो "**कुलवर्द्धन योग**" बनता है । ऐसी स्त्री दीर्घजीवी, धनी एवं ऐश्वर्यशाली संतानों को उत्पन्न करती है ।

(28) पंचमेश मिथुन या कन्या राशि में हो, बुध से युत हो, पंचमेश और पंचम भाव पर पुरुष ग्रहों की दृष्टि न हो तो जातक को "**केवल कन्या योग**" होता है । पुत्र संतान नहीं होता ।

कन्या लग्न और संतान योग

(1) कन्या लग्न में चंद्रमा नवम भाव में वृषराशि का हो तो जातक के एक पुत्र होता है ।

(2) कन्या लग्न में पंचमेश शनि यदि आठवें हो तो जातक के अल्प संतति होती है ।

(3) कन्या लग्न में पंचमेश शनि अस्त हो या पापग्रस्त होकर छठे, आठवें या बारहवें हो तो जातक के पुत्र नहीं होता ।

(3) कन्या लग्न में पंचमेश शनि लग्न कन्या राशि में हो तथा गुरु से युत या दृष्ट हो तो व्यक्ति के प्रथम पुत्र ही होता है ।

(5) कन्या लग्न में पंचमस्थ शनि मकर राशि का हो तो व्यक्ति के तीन पुत्र होते हैं । यदि साथ में सूर्य हो तो चार पुत्र होते हैं ।

(6) कन्या लग्न में पंचमेश शनि लग्न में हो तथा लग्नेश बुध पंचम में परस्पर परिवर्तन करके बैठे हों तो जातक दूसरों की संतान गोद में लेकर अपने पुत्र की तरह पालता है ।

(7) कन्या लग्न के पंचम भाव में शनि हो तो जातक के सात पुत्रियां होती हैं ।

(8) कन्या लग्न हो, पंचम भाव में शनि यदि चंद्र, शुक्र या बुध द्वारा देखा जाता हो तो जातक के आठ पुत्रियां होती हैं । इसके साथ ही पंचम भाव पर यदि किसी पुरुष ग्रह की दृष्टि हो तो ईश्वर की कृपा से एक पुत्र भी हो जाता है ।

(9) कन्या लग्न में पंचमेश शनि पंचम, षष्ठ या द्वादश भाव में हों तथा पंचम भाव पर शुभ ग्रहों की दृष्टि हो तो **"अनपत्य योग"** बनता है । ऐसे जातक

को निर्बीज पृथ्वी की तरह पुत्र संतान उत्पन्न नहीं होती पर उपाय करने से दोष की शांति हो जाती है ।

(10) राहु, सूर्य एवं मंगल पंचम भाव में हो तो ऐसे जातक को शल्यचिकित्सा द्वारा कष्ट से पुत्र संतान की प्राप्ति होती है । आज की भाषा में ऐसे बालक को **"सिजेरियन चाइल्ड"** कहते हैं ।

(11) कन्या लग्नेश में पंचमेश शनि कमजोर हो तथा राहु एकादश में हो तो जातक के वृद्धावस्था में संतान होती है ।

(12) पंचम स्थान में राहु, केतु या शनि इत्यादि पापग्रह हों तो गर्भपात अवश्य होता है ।

(13) कन्या लग्न में लग्नेश बुध द्वितीय स्थान में हो तथा पंचमेश शनि पापग्रस्त का पापपीड़ित हो तो जातक पुत्र उत्पन्न होने के बाद नष्ट हो जाते हैं ।

(14) कन्या लग्न में पंचमेश शनि बारहवें स्थान में शुभ ग्रहों से युत या दृष्ट हो तो ऐसे व्यक्ति के पुत्र की वृद्धावस्था में अकाल मृत्यु होती है जिससे जातक संसार से विरक्त होकर वैराग्य की ओर उन्मुख होता है ।

(15) पंचमेश यदि वृष, के कन्या या तुला राशि में हो तो जातक को प्रथम संतति के रूप में कन्यारत्न की प्राप्ति होती है ।

(16) कन्या लग्न में पंचमेश शनि की सप्तमेश गुरु से युति हो तो जातक को प्रथम संतान के रूप में कन्या रत्न की प्राप्ति होती है ।

(17) सूर्य और चंद्रमा लग्न से 6/12 वें हो । छठे सूर्य, 12वें चंद्रमा या 12वें भाव में सूर्य व छठे भाव में चंद्रमा हो तो पत्नी पति दोनों काने हों तथा 1 ही पुत्र होता है ।

(18) कन्या लग्न हो, सप्तम में मीन का मंगल हो और मंगल शनि की युति हो तो जातक स्त्रीहीन, पुत्रहीन होता है ।

(19) चंद्रमा वृष, सिंह कन्या या वृश्चिक राशि का हो तो संतान कम होती है ।

(20) समराशि (2, 4, 6, 8, 10, 12) में गया हुआ बुध कन्या संतति की बाहुल्यता देता है । यदि चंद्रमा और शुक्र का भी पंचम भाव पर प्रभाव हो तो यह योग अधिक पुष्ट हो जाता है ।

(21) पंचमेश शनि निर्बल हो, लग्नेश बुध भी निर्बल हो तथा पंचम भाव में राहु हो तो जातक के सर्प दोष के कारण पुत्र संतान नहीं होती ।

(22) पंचम भाव में राहु हो और एकादश स्थान में स्थित केतु के मध्य सारे ग्रह हों तो पद्मनामक **"कालसर्पयोग"** के कारण जातक के पुत्र संतान नहीं होती । ऐसे जातक को वंश वृद्धि की चिंता एवं मानसिक तनाव रहता है ।

(23) सूर्य अष्टम हो, पंचम भाव में शनि हो, पंचमेश राहू से युत हो तो जातक को पितृदोष होता है तथा पितृशाप के कारण पुत्र संतान नहीं होती ।

(24) लग्न में मंगल, अष्टम में शनि, पंचम से सूर्य एवं बारहवें स्थान में राहु या केतु हो तो **"वंशविच्छेद योग"** बनता है। ऐसे जातक के स्वयं का वंश समाप्त हो जाता है आगे पीढ़ियां नहीं चलतीं।

(25) कन्या लग्न के चतुर्थभाव में पापग्रह हो तथा चंद्रमा जहां बैठा हो उससे आठवें स्थान में पापग्रह हो तो **"वंशविच्छेद योग"** बनता है। ऐसे जातक के स्वयं का वंश समाप्त हो जाता है, उसके आगे पीढ़ियां नहीं चलतीं।

(26) तीन केंद्रों में पापग्रह हो तो व्यक्ति को **"इलाख्य नामक"** सर्पयोग बनता है। इस दोष के कारण जातक को पुत्र संतान का सुख नहीं मिलता।

(27) कन्या लग्न में पंचमेश पंचम, षष्ठ या द्वादश भाव में हो तथा पंचम भाव शुभ ग्रहों से दृष्ट न हो तो **"अनपत्ययोग"** बनता है। ऐसे जातक को निर्बीज पृथ्वी की तरह संतान उत्पन्न नहीं होती पर उपाय से दोष शांत हो जाता है।

(28) पंचम भाव मंगल बुध की युति हो तो जातक के जुडवा संतान होती है। पुत्र या पुत्री की कोई शर्त नहीं।

(29) जिस स्त्री की जन्म कुंडली में सूर्य लग्न में और शनि यदि सातवें हो, अथवा सूर्य + शनि की युति सातवें हो, तथा दसम भाव पर बृहस्पति की दृष्टि हो तो **"अनगर्भायोग"** बनता है ऐसी स्त्री गर्भधारण योग्य नहीं होती।

(30) जिस स्त्री की जन्म कुंडली में शनि + मंगल छठे या चौथे स्थान में हो तो **"अनगर्भायोग"** बनता है ऐसी स्त्री गर्भधारण करने योग्य नहीं होती।

(31) शुभ ग्रहों के साथ सूर्य + चंद्रमा यदि पंचम स्थान में हो तो **"कुलवर्द्धन योग"** बनता है। ऐसी स्त्री दीर्घजीवी, धनी एवं ऐश्वर्यशाली संतानों को उत्पन्न करती है।

(32) पंचमेश मिथुन या कन्या राशि में हो, बुध से युत हो, पंचमेश और पंचम भाव पर पुरुष ग्रहों की दृष्टि न हो तो जातक को **"केवल कन्या योग"** होता है। पुत्र संतान नहीं होता।

तुला लग्न और संतान योग

(1) तुला लग्न में शनि पांचवें स्थान में बैठा हो तो पांच पुत्र होते हैं।

(2) तुला लग्न में पंचमेश शनि आठवें हो तो जातक के अल्प संतति होती है।

(3) तुला लग्न में पंचमेश शनि अस्त हो या पापग्रस्त होकर छठे, आठवें या बारहवें हो तो व्यक्ति के पुत्र नहीं होता।

(4) तुला लग्न में पंचमेश शनि लग्न (तुला राशि) में हो, गुरु से युत या दृष्ट हो तो जातक के प्रथम संतति पुत्र ही होता है।

(5) तुला लग्न में पंचमेश शनि कुंभ राशि का हो तो जातक के पांच पुत्र होते हैं।

(6) तुला लग्न में पंचमेश शनि लग्न में हो एवं लग्नेश शुक्र पंचम में परस्पर परिवर्तन करके बैठे हो तो जातक दूसरों की संतान गोद में लेकर अपने पुत्र की तरह पालता है।

(7) तुला लग्न हो पंचमेश शनि पंचम, षष्ठ या द्वादश भावों में हो तो "**अनपत्य योग**" बनता है। ऐसे जातक को निर्बीज पृथ्वी की तरह पुत्र संतान नहीं होती, पर उपाय करने से इस योग की शांति हो जाती है।

(8) राहु, सूर्य एवं मंगल पंचम भाव में हो तो ऐसे जातक को शल्यचिकित्सा द्वारा कष्ट से पुत्र संतान की प्राप्ति हाती है। आज की भाषा में ऐसे बालक को "**सिजेरियन चाइल्ड**" कहते हैं।

(9) तुला लग्न हो पंचमेश शनि कमजोर हो तथा राहु एकादश स्थान में हो तो जातक के वृद्धावस्था में संतान होती है।

(10) पंचम स्थान में राहु, केतु या शनि इत्यादि पापग्रह हो तो गर्भपात अवश्य होता है ।

(11) तुला लग्न में लग्नेश शुक्र द्वितीय स्थान में हो तो तथा पंचमेश शनि पापग्रस्त या पापपीड़ित हो तो जातक के पुत्र उत्पन्न होने के कारण नष्ट हो जाते हैं ।

(12) तुला लग्न में पंचमेश शनि बारहवें स्थान में शुभ ग्रहों युत या दृष्ट हो तो ऐसे व्यक्ति के पुत्र की वृद्धावस्था में अकाल मृत्यु हो जाती है जिससे जातक संसार से विरक्त होकर वैराग्य की ओर उन्मुख हो जाता है ।

(13) पंचमेश यदि वृष, कर्क, कन्या या तुला राशि में हो तो जातक को प्रथम संतति के रूप में कन्यारत्न की प्राप्ति होती है ।

(14) तुला लग्न में पंचमेश शनि की सप्तमेश मंगल से युति हो तो जातक को प्रथम संतान के रूप में कन्या रत्न की प्राप्ति होती है ।

(15) चंद्रमा सिंह राशिस्थ हो तथा गुरु स्वराशि (9/12) में हो तथा सभी पाप व शुभ ग्रह 1/4/7/10 स्थानों में हो तो जातक 5 संतान को नाश करने वाला होता है ।

(16) जातक की कुंडली में यदि गुरु, शुक्र और चंद्रमा तीनों मीन राशि में हों तो उसकी पत्नी के पुत्र अधिक होते हैं ।

(17) समराशि (2, 4, 6, 8, 10, 12) में गया हुआ बुध कन्या संतति की बाहुल्यता देता है । यदि चंद्रमा और शुक्र का भी पंचम भाव पर प्रभाव हो तो यह योग अधिक पुष्ट हो जाता है ।

(18) पंचमेश शनि निर्बल हो, लग्नेश शुक्र भी निर्बल हो तथा पंचमभाव में राहु हो तो जातक के सर्पदोष के कारण पुत्र संतान नहीं होती ।

(19) पंचम भाव में राहु हो और एकादश स्थान में स्थित केतु के मध्य सारे ग्रह हों तो पद्मनामक **"कालसर्पयोग"** के कारण जातक के पुत्र संतान नहीं होती । ऐसे जातक को वंश वृद्धि की चिंता एवं मानसिक तनाव रहता है ।

(20) सूर्य अष्टम हो, पंचम भाव में शनि हो, पंचमेश राहु से युत हो तो जातक को पितृदोष होता है तथा पितृशाप के कारण पुत्र संतान नहीं होती ।

(21) लग्न में मंगल, अष्टम में शनि, पंचम से सूर्य एवं बारहवें स्थान में राहु या केतु हो तो **"वंशविच्छेद योग"** बनता है । ऐसे जातक के स्वयं का वंश समाप्त हो जाता है आगे पीढ़िया नहीं चलती ।

(22) तुला लग्न के चतुर्थभाव में पापग्रह हो तथा चंद्रमा जहां बैठा हो उससे आठवें स्थान में पापग्रह हो तो **"वंशविच्छेद योग"** बनता है । ऐसे जातक के स्वयं का वंश समाप्त हो जाता, उसके आगे पीढ़ियां नहीं चलतीं ।

(23) तीन केंद्रों में पापग्रह हो तो व्यक्ति को **"इलाख्य नामक"** सर्पयोग बनता

है । इस दोष के कारण जातक को पुत्र संतान का सुख नहीं मिलता । दोष निवृति पर शांति हो जाती है ।

(24) तुला लग्न में पंचमेश पंचम, षष्ठ या द्वादश भाव में हो तथा पंचम भाव शुभ ग्रहों से दृष्ट न हो तो **"अनपत्ययोग"** बनता है ऐसे जातक को निर्बीज पृथ्वी की तरह संतान उत्पन्न नहीं होती पर उपाय से दोष शांत हो जाता है ।

(25) पंचम भाव मंगल बुध की युति हो तो जातक के जुड़वा संतान होती है । पुत्र या पुत्री की कोई शर्त नहीं ।

(26) जिस स्त्री की जन्म कुंडली में सूर्य लग्न में और शनि यदि सातवें हो, अथवा सूर्य + शनि की युति सातवें हो, तथा दसम भाव पर बृहस्पति की दृष्टि हो तो **"अनगर्भायोग"** बनता है ऐसी स्त्री गर्भधारण योग्य नहीं होती ।

(27) जिस स्त्री की जन्म कुंडली में शनि + मंगल छठे या चौथे स्थान में हो तो "अनगर्भायोग" बनता है ऐसी स्त्री गर्भधारण करने योग्य नहीं होती ।

(28) शुभ ग्रहों के साथ सूर्य + चंद्रमा यदि पंच स्थान में हो तो **"कुलवर्द्धन योग"** बनता है । ऐसी स्त्री दीर्घजीवी, धनी एवं ऐश्वर्यशाली संतानों को उत्पन्न करती है ।

(29) पंचमेश मिथुन या कन्या राशि में हो, बुध से युत हो, पंचमेश और पंचमभाव पर पुरुष ग्रहों की दृष्टि न हो तो जातक को **"केवल कन्या योग"** होता है । पुत्र संतान नहीं होता ।

वृश्चिक लग्न और संतान योग

(1) वृश्चिक लग्न में पंचमेश गुरु यदि आठवें हो तो जातक के अल्प संतति होती है।

(2) वृश्चिक लग्न में पंचमेश गुरु अस्त हो, या पापपीड़ित, पापग्रस्त होकर छठे, आठवें या बारहवें हो तो जातक के पुत्र नहीं होता।

(3) वृश्चिक लग्न में पंचमेश गुरु यदि कर्क, वृश्चिक या मीन राशि में हो तो जातक के पहली संतान कन्या होती है।

(4) वृश्चिक लग्न में पंचमेश गुरु विषम राशियों में हो तथा सूर्य या मंगल से युत या दृष्ट हो तो जातक के प्रथम संतान पुत्र ही होता है।

(5) वृश्चिक लग्न में पंचमस्थ गुरु मीन राशि में हो तो जातक के पांच पुत्र होते हैं। यदि सूर्य भी साथ में हो तो छः पुत्र होते हैं।

(6) वृश्चिक लग्न में पंचमेश गुरु लग्न में एवं लग्नेश मंगल पंचम में परस्पर परिवर्तन करके बैठे हो तो जातक दूसरों की संतान को अपने पुत्र की तरह पालता है।

(7) वृश्चिक लग्न में शनि बैठा हो, चौथे स्थान में पापग्रह एवं पंचम में चंद्रमा हो तो व्यक्ति को माता के शाप के कारण पुत्र संतान नहीं होती।

(8) राहु, सूर्य एवं मंगल पंचम भाव में हो तो ऐसे जातक को शल्यचिकित्सा द्वारा कष्ट से पुत्र संतान की प्राप्ति होती है। आज की भाषा में ऐसे बालक को **"सिजेरियन चाइल्ड"** कहते हैं।

(9) वृश्चिक लग्न हो तथा पंचमेश गुरु कमजोर हो तथा राहु एकादश भाव में

हो तो जातक के वृद्धावस्था में संतान होती है ।

(10) पंचम स्थान में राहु, केतु या शनि इत्यादि पापग्रह हो तो गर्भपात अवश्य होता है ।

(11) वृश्चिक लग्न हो लग्नेश मंगल द्वितीय स्थान में तथा पंचमेश गुरु पापग्रस्त या पापपीड़ित हो तो ऐसे जातक के पुत्र संतान नष्ट हो जाते हैं ।

(12) वृश्चिक लग्न में पंचमेश गुरु बारहवें स्थान में शुभ ग्रहों से युत या दृष्ट हो तो ऐसे व्यक्ति के पुत्र की वृद्धावस्था में अकाल मृत्यु हो जाती है जिससे जातक संसार से विरक्त होकर वैराग्य की ओर उन्मुख होता है ।

(13) पंचमेश यदि वृष, कर्क, कन्या या तुला राशि में हो तो जातक को प्रथम संतति के रूप में कन्यारत्न की प्राप्ति होती है ।

(14) वृश्चिक लग्न में पंचमेश गुरु के साथ सप्तमेश शुक्र की युति हो तो जातक को प्रथम संतान के रूप में कन्या रत्न की प्राप्ति होती है ।

(15) 4/10/12 वें घर में पापग्रह हो तो मां-बाप दोनों मरें, मंगल, शनि राहु नवम या 11 वें हों तो पिता मरे और दूसरे भाव में सूर्य, मंगल, बुध शानि मिल जाएं व गुरु प्रथम स्थान में हो तो पिता पुत्र के विवाह में ही मर जाए ।

(16) द्वितीय एवं तृतीय भाव में जितने ग्रह हों उतने छोटे भाई एवं 11/12 भाव में जितने ग्रह हों उतने ही बड़े भाई होते हैं ।

(17) समराशि (1, 4, 6, 8, 10, 12) में गया हुआ बुध कन्या संतति की बाहुल्यता देता है । यदि चंद्रमा और शुक्र का भी पंचम भाव पर प्रभाव हो तो यह योग अधिक पुष्ट हो जाता है ।

(18) पंचमेश गुरु निर्बल हो, लग्नेश मंगल भी निर्बल हो तथा पंचमभाव में राहु हो तो जातक के सर्पदोष के कारण पुत्र संतान नहीं होती ।

(19) पंचम भाव में राहु हो और एकादश स्थान में स्थित केतु के मध्य सारे ग्रह हों तो पद्मनामक **"कालसर्पयोग"** के कारण जातक के पुत्र संतान नहीं होती । ऐसे जातक को वंश वृद्धि की चिंता एवं मानसिक तनाव रहता है ।

(20) सूर्य अष्टम हो, पंचम भाव में शनि हो, पंचमेश राहु से युत हो तो जातक को पितृदोष होता है तथा पितृशाप के कारण पुत्र संतान नहीं होती है ।

(21) लग्न में मंगल, अष्टम में शनि, पंचम से सूर्य एवं बारहवें स्थान में राहु या केतु हो तो **"वंशविच्छेद योग"** बनता है । ऐसे जातक के स्वयं का वंश समाप्त हो जाता है आगे पीढ़ियां नहीं चलतीं ।

(22) वृश्चिक लग्न के चतुर्थभाव में पापग्रह हो तथा चंद्रमा जहां बैठा हो उससे आठवें स्थान में पापग्रह हो तो **"वंशविच्छेद योग"** बनता है । ऐसे जातक के स्वयं का वंश समाप्त हो जाता है, उसके आगे पीढ़ियां नहीं चलतीं ।

(23) तीन केंद्रों में पापग्रह हो तो व्यक्ति को **"इलाख्य नामक"** सर्पयोग बनता

है। इस दोष के कारण जातक को पुत्र संतान का सुख नहीं मिलता। दोष निवृति पर शांति हो जाती है।

(24) वृश्चिक लग्न में पंचमेश पंचम, षष्ठ या द्वादश भाव में हो तथा पंचम भाव शुभ ग्रहों से दृष्ट न हो तो "**अनपत्ययोग**" बनता है ऐसे जातक को निर्बीज पृथ्वी की तरह संतान उत्पन्न नहीं होती पर उपाय से दोष शांत हो जाता है।

(25) पंचम भाव मंगल बुध की युति हो तो जातक के जुडवा संतान होती है। पुत्र या पुत्री की कोई शर्त नहीं।

(26) जिस स्त्री की जन्म कुंडली में सूर्य लग्न में और शनि यदि सातवें हो, अथवा सूर्य + शनि की युति सातवें हो, तथा दसम भाव पर बृहस्पति की दृष्टि हो तो "**अनगर्भायोग**" बनता है ऐसी स्त्री गर्भधारण योग्य नहीं होती।

(27) जिस स्त्री की जन्म कुंडली में शनि + मंगल छठे या चौथे स्थान में हो तो "**अनगर्भायोग**" बनता है ऐसे स्त्री गर्भधारण करने योग्य नहीं होती।

(28) शुभ ग्रहों के साथ सूर्य + चंद्रमा यदि पंचम स्थान में हो तो "**कुलवर्द्धन योग**" बनता है। ऐसी स्त्री दीर्घजीवी, धनी एवं ऐश्वर्यशाली संतानों को उत्पन्न करती है।

(29) पंचमेश मिथुन या कन्या राशि में हो, बुध से युत हो, पंचमेश और पंचम भाव पर पुरुष ग्रहों की दृष्टि न हो तो जातक को "**केवल कन्या योग**" होता है। पुत्र संतान नहीं होता।

धनु लग्न और संतान योग

(1) धनु लग्न में पंचमेश मंगल कर्क, वृश्चिक या मीन राशि में हो तो जातक के पहली संतति कन्या होती है ।

(2) धनु लग्न में पंचमेश मंगल आठवें हो तो जातक के अल्प संतति होती है ।

(3) धनु लग्न में पंचमेश मंगल अस्त हो, पापपीड़ित या पापग्रस्त होकर छठे आठवें या बारहवें स्थान में हो तो व्यक्ति के पुत्र नहीं होता ।

(4) धनु लग्न में पंचमेश मंगल लग्न (धनुराशि) में हो तथा गुरु से युत या दृष्ट हो तो व्यक्ति के प्रथम पुत्र ही होता है ।

(5) धनु लग्न में पंचमस्थ मंगल मेष राशि का हो तो जातक के तीन पुत्र होते हैं ।

(6) धनु लग्न में पंचमेश मंगल लग्न में हो एवं लग्नेश गुरु पंचम में परस्पर परिवर्तन करके बैठे हो तो जातक दूसरों की संतान गोद में लेकर अपने पुत्र की तरह पालता है ।

(7) धनु लग्न के पंचम भाव में मेष राशि होने से, अन्य कोई दुर्योग न हो तो जातक के विवाहोपरान्त शीघ्र संतति होती है ।

(8) धनु लग्न के पंचम भाव में राहु हो तंथा राहु मंगल के द्वारा दृष्ट हो तो ऐसे जातक को पुत्र संतान का सुख नहीं मिलता । इसके पुत्र तो होता है पर कुल कातांतर के बाद मृत्यु को प्राप्त हो जाता है ।

(9) धनु लग्न में पंचमेश मंगल पंचम, षष्ठ या द्वादश भाव में हो तथा पंचम भाव शुभ ग्रहों से दृष्ट न हो **"अनपत्ययोग"** बनता है । ऐसे जातक को

निर्बीज पृथ्वी की तरह पुत्र संतान प्राप्ति नहीं होती पर उपाय करने से दोष शांत हो जाता है ।

(10) धनु लग्न में बृहस्पति कमजोर हो साथ में पंचमेश मंगल और सप्तमेश बुध भी बलहीन हो तो **"अनपत्ययोग"** बनता है । ऐसे जातक को निर्बीज पृथ्वी की तरह पुत्र संतान की प्राप्त नहीं होती पर उपाय करने से दोष शांत हो जाता है ।

(11) राहु, सूर्य एवं मंगल पंचम भाव में हो तो ऐसे जातक को शल्यचिकित्सा द्वारा कष्ट से पुत्र सन्तान की प्राप्ति होती है । आज की भाषा में ऐसे बालक को **"सिजेरियन चाइल्ड"** कहते हैं ।

(12) धनु लग्न हो पंचमेश मंगल कमजोर हो तथा राहु ग्यारहवें हो तो जातक के वृद्धावस्था में संतान होती है ।

(13) पंचम स्थान में राहु, केतु या शनि इत्यादि पापग्रह हो तो गर्भपात अवश्य होता है ।

(14) धनु लग्न में लग्नेश बृहस्पति द्रितीय स्थान में हो तथा पंचमेश मंगल पापग्रस्त या पापपीड़ित हो तो ऐसे व्यक्ति के पुत्र संतान उत्पन्न होकर नष्ट हो जाते हैं ।

(15) धनु लग्न में पंचमेश मंगल बारहवें शुभग्रहों से युत या दृष्ट हो तो ऐसे व्यक्ति के पुत्र की वृद्धावस्था में अकाल मृत्यु हो जाती है । जिससे जातक संसार से विरक्त होकर वैराग्य की ओर उन्मुख होता है ।

(16) पंचमेश यदि वृष, कर्क , कन्या या तुला राशि में हो तो जातक को प्रथम संतति के रूप में कन्यारत्न की प्राप्ति होती है ।

(17) धनु लग्न में पंचमेश गुरु की सप्तमेश बुध के साथ युति हो तो जातक को प्रथम संतान के रूप में कन्या रत्न की प्राप्ति होती है ।

(18) सप्तम में राहु से युक्त सूर्य अथवा अष्टम भाव में राहु से युक्त गुरु और शुक्र हो, पंचम भाव पापयुक्त हो तो वह स्त्री निश्चय ही मृत्वत्सा होती है ।

(19) समराशि (2, 4, 6, 8, 10, 12) में गया हुआ बुध कन्या संतति की बाहुल्यता देता है । यदि चन्द्रमा और शुक्र का भी पंचम भाव पर प्रभाव हो तो यह योग अधिक पुष्ट हो जाता है ।

(20) पंचमेश व लग्नेश गुरु निर्बल हो, पंचमभाव में राहु हो तो जातक के सर्पदोष के कारण पुत्र संतान नहीं होती ।

(21) पंचम भाव में राहु हो और एकादश स्थान में स्थित केतु के मध्य सारे ग्रह हों तो पद्मनामक **"कालसर्पयोग"** के कारण जातक के पुत्र संतान नहीं होतीं ऐसे जातक को वंश वृद्धि की चिंता एवं मानसिक तनाव रहता है ।

(22) सूर्य अंष्टम हो, पंचम भाव में शनि हो, पंचमेश राहु से युत हो तो जातक को पितृशाप के कारण पुत्र संतान नहीं होती ।

(23) लग्न में मंगल, अष्टम में शनि, पंचम से सूर्य एवं बारहवें स्थान में राहु या केतु हो तो **"वंशविच्छेद योग"** बनता है.। ऐसे जातक के स्वयं का वंश समाप्त हो जाता है आगे पीढ़ियां नहीं चलतीं ।

(24) धनु लग्न के चतुर्थभाव में पापग्रह हो तथा चंद्रमा जहां बैठा हो उससे आठवें स्थान में पापग्रह हो तो **"वंशविच्छेद योग"** बनता है । ऐसे जातक के स्वयं का वंश समाप्त हो जाता है, उसके आगे पीढ़ियां नहीं चलतीं ।

(25) तीन केंद्रों में पापग्रह हो तो व्यक्ति को **"इलाख्य नामक"** सर्पयोग बनता है । इस दोष के कारण जातक को पुत्र संतान का सुख नहीं मिलता । दोष निवृति पर शांति हो जाती है ।

(26) धनु लग्न में पंचमेश पंचम, षष्ठ या द्वादश भाव में हो तथा पंचम भाव शुभ ग्रहों से दृष्ट न हो तो **"अनपत्ययोग"** बनता है ऐसे जातक को निर्बीज पृथ्वी की तरह संतान उत्पन्न नहीं होती पर उपाय से दोष शांत हो जाता है ।

(27) पंचम भाव मंगल बुध की युति हो तो जातक के जुड़वा संतान होती है । पुत्र या पुत्री की कोई शर्त नहीं ।

(28) जिस स्त्री की जन्म कुंडली में सूर्य लग्न में और शनि यदि सातवें हो, अथवा सूर्य+शनि की युति सातवें हो, तथा दसम भाव पर बृहस्पति की दृष्टि हो तो **"अनगर्भायोग"** बनता है ऐसी स्त्री गर्भधारण योग्य नहीं होती ।

(29) जिस स्त्री की जन्म कुंडली में शनि+मंगल छठे या चौथे स्थान में हो तो **"अनगर्भायोग"** बनता है ऐसी स्त्री गर्भधारण करने योग्य नहीं होती ।

(30) शुभ ग्रहों के साथ सूर्य+चंद्रमा यदि पंचम स्थान में हो तो **"कुलवर्द्धन योग"** बनता है । ऐसी स्त्री दीर्घजीवी, धनी एवं ऐश्वर्यशाली संतानों को उत्पन्न करती है ।

(31) पंचमेश मिथुन या कन्या राशि में हो, बुध से युत हो, पंचमेश और पंचम-भाव पर पुरुष ग्रहों की दृष्टि न हो तो जातक को **"केवल कन्या योग"** होता है । पुत्र संतान नहीं होता ।

मकर लग्न और संतान योग

(1) मकर लग्न में चंद्रमा वृष का पंचम भाव में हो तो जातक के एक पुत्र होता है ।

(2) मकर लग्न में पंचमेश शुक्र आठवें हो तो जातक के अल्प संतति होती है ।

(3) मकर लग्न में पंचमेश शुक्र अस्त हो, पापपीड़ित या पापग्रस्त होकर छठे, आठवें या बारहवें हो तो व्यक्ति के पुत्र नहीं होता ।

(4) मकर लग्न में पंचमेश शुक्र लग्न (मकर राशि) में हो तथा गुरु से युत या दृष्ट हो तो व्यक्ति के प्रथम पुत्र ही होता है ।

(5) मकर लग्न में मंगल हो, पंचम स्थान में सूर्य एवं शनि आठवें हो तो जातक की जवानी बीत जाने के बाद बहुत प्रयत्न करने पर पुत्र होता है ।

(6) मकर लग्न में शनि हो, बृहस्पति आठवें एवं मंगल बारहवें हो तो जातक की जवानी बीत जाने के बाद बहुत प्रयत्न करने पर पुत्र होता है ।

(7) मकर लग्न में ग्यारहवें चंद्रमा वृश्चिक राशि का हो तथा बृहस्पति से पांचवें स्थान में पापग्रह हो लग्न में भी पापग्रह तो जातक की जवानी बीत जाने के बाद बहुत प्रयत्न करने पर पुत्र होता है ।

(8) मकर लग्न में पंचमेश शुक्र लग्न में हो एवं लग्नेश शनि पंचम में परस्पर परिवर्तन करके बैठे हों तो जातक दूसरों की संतान गोद में लेकर अपने पुत्र की तरह पालता है ।

(9) मकर लग्न के पंचम भाव में वृष राशि होने से, यदि अन्य कोई दुर्योग न हो तो विवाहोपरांत जातक के शीघ्र संतति होती है ।

(10) मकर लग्न के पंचम भाव में शुक्र हो तो जातक के छः कन्याएं होती हैं ।

(11) मकर लग्न में सूर्य + चंद्रमा हो तथा मंगल राहु व शनि से युत हो तो ऐसे व्यक्ति को माता के शाप के कारण पुत्र संतान नहीं होती ।

(12) मकर लग्न में सूर्य हो तथा सूर्य पापग्रस्त, पापपीड़ित या पापग्रह से दृष्ट हो तो ऐसे व्यक्ति को कुल देवता के शाप के कारण पुत्र संतान नहीं होती ।

(13) राहु, सूर्य एवं मंगल पंचम भाव में हो तो ऐसे जातक को शल्यचिकित्सा द्वारा कष्ट से पुत्र संतान की प्राप्ति होती है । आज की भाषा में ऐसे बालक को **"सिजेरियन चाइल्ड"** कहते हैं ।

(14) मकर लग्न में पंचमेश शुक्र कमजोर हो तथा राहु ग्यारहवें हो तो जातक को वृद्धावस्था में संतान होती है ।

(15) पंचम स्थान में राहु, केतु या शनि इत्यादि पापग्रह हो तो गर्भपात अवश्य होता है ।

(16) मकर लग्न में लग्नेश शनि द्वितीय स्थान में हो तथा पंचमेश शुक्र पापग्रस्त या पापपीड़ित हो तो ऐसे जातक के पुत्र संतान उत्पन्न होकर नष्ट हो जाते हैं ।

(17) मकर लग्न में पंचमेश शुक्र बारहवें शुभग्रहों से युत या दृष्ट हो तो ऐसे जातक के पुत्र की वृद्धावस्था में अकाल मृत्यु हो जाती है जिससे जातक संसार से विरक्त होकर वैराग्य की ओर उन्मुख होता है ।

(18) पंचमेश यदि वृष, कर्क, कन्या या तुला राशि में हो तो जातक को प्रथम संतति के रूप में कन्यारत्न की प्राप्ति होती है ।

(19) मकर लग्न में पंचमेश शुक्र की सप्तमेश चन्द्र के साथ युति हो तो जातक को प्रथम संतान के रूप में कन्या रत्न की प्राप्ति होती है ।

(20) स्त्री की जन्म-कुंडली हो तथा मकर लग्न हो और लग्न में सूर्य मंगल हो तो वह स्त्री विधवा होती है । राहु या केतु हो तो संतान का नाश, शनि हो तो दरिद्री होती है ।

(21) समराशि (2, 4, 6, 8, 10, 12) में गया हुआ बुध कन्या संतति की बाहुल्यता देता है । यदि चंद्रमा और शुक्र का भी पंचम भाव पर प्रभाव हो तो यह योग अधिक पुष्ट हो जाता है ।

(22) पंचमेश शुक्र निर्बल हो, लग्नेश शनि भी निर्बल हो, पंचम भाव में राहु हो तो सर्पदोष के कारण जातक के संतान नहीं होती ।

(23) पंचम भाव में राहु हो और एकादश स्थान में स्थित केतु के मध्य सारे ग्रह हों तो पद्मनामक **"कालसर्पयोग"** के कारण जातक के पुत्र संतान नहीं होती । ऐसे जातक को वंश वृद्धि की चिंता एवं मानसिक तनाव रहता है ।

(24) सूर्य अष्टम हो, पंचम भाव में शनि हो, पंचमेश राहु से युत हो तो जातक को

पितृदोष होता है तथा पितृशाप के कारण पुत्र संतान नहीं होती।

(25) लग्न में मंगल, अष्टम में शनि, पंचम से सूर्य एवं बारहवें स्थान में राहु या केतु हो तो **"वंशविच्छेद योग"** बंनता है। ऐसे जातक के स्वयं का वंश समाप्त हो जाता है आगे पीढ़ियां नहीं चलतीं।

(26) मकर लग्न के चतुर्थभाव में पापग्रह हो तथा चंद्रमा जहां बैठा हो उससे आठवें स्थान में पापग्रह हो तो **"वंशविच्छेद योग"** बनता है। ऐसे जातक के स्वयं का वंश समाप्त हो जाता, उसके आगे पीढ़ियां नहीं चलतीं।

(27) तीन केंद्रों में पापग्रह हो तो व्यक्ति को **"इलाख्य नामक"** सर्पयोग बनता है। इस दोष के कारण जातक को पुत्र संतान का सुख नहीं मिलता। दोष निवृति पर शांति हो जाती हैं।

(28) मकर लग्न में पंचमेश पंचम, षष्ठ या द्वादश भाव में हो तथा पंचम भाव शुभ ग्रहों से दृष्ट न हो तो **"अनपत्ययोग"** बनता है ऐसे जातक को निर्बीज पृथ्वी की तरह संतान उत्पन्न नहीं होती पर उपाय से दोष शांत हो जाता है।

(29) पंचम भाव मंगल बुध की युति हो तो जातक के जुड़वां संतान होती है। पुत्र या पुत्री की कोई शर्त नहीं।

(30) जिस स्त्री की जन्म कुंडली में सूर्य लग्न में और शनि यदि सातवें हो, अथवा सूर्य + शनि की युति सातवें हो, तथा दसम भाव पर बृहस्पति की दृष्टि हो तो **"अनगर्भायोग"** बनता है ऐसी स्त्री गर्भधारण योग्य नहीं होती।

(31) जिस स्त्री की जन्म कुंडली में शनि + मंगल छठे या चौथे स्थान में हो तो **"अनगर्भायोग"** बनता है ऐसे स्त्री गर्भधारण करने योग्य नहीं होती।

(32) शुभ ग्रहों के साथ सूर्य + चंद्रमा यदि पंचम स्थान में हो तो **"कुलवर्द्धन योग"** बनता है। ऐसी स्त्री दीर्घजीवी, धनी एवं ऐश्वर्यशाली संतानों को उत्पन्न करती है।

(33) पंचमेश मिथुन या कन्या राशि में हो, बुध से युत हो, पंचमेश और पंचम भाव पर पुरुष ग्रहों की दृष्टि न हो तो जातक को **"केवल कन्या योग"** होता है। पुत्र संतान नहीं होता।

कुंभ लग्न और संतान योग

(1) कुंभ लग्न में चंद्रमां तुला का नवम भाव में हो तो जातक के एक पुत्र होता है ।

(2) कुंभ लग्न में पंचमेश बुध यदि आठवें हो तो जातक के अल्प संतति होती है ।

(3) कुंभ लग्न में पंचमेश बुध अस्त हो या पापग्रस्त, पापपीड़ित होकर छठे, आठवें या बारहवें स्थान में हो तो जातक के पुत्र नहीं होता ।

(4) कुंभ लग्न में पंचमेश बुध लग्न (कुंभ राशि) में हो तथा गुरु से युत किवां दृष्ट हो तो व्यक्ति के प्रथम पुत्र होता है ।

(5) कुंभ लग्न में पंचमेश बुध लग्न में हो एंव लग्नेश शनि पंचम में परस्पर परिवर्तन करके बैठे हो तो जातक दूसरों की संतान गोद में लेकर अपने पुत्र की तरह पालता है ।

(6) कुंभ लग्न में बुध यदि पंचम भाव में हो तो जातक के तीन कन्याएं होती हैं । यदि साथ में चंद्रमा हो तो चार कन्याएं होती हैं ।

(7) कुंभ लग्न में सूर्य हो, सूर्य पापग्रह से युत किंवा दृष्ट या पापपीड़ित हो तो ऐसे व्यक्ति की कुलदेवता के शाप के कारण सन्तान नहीं होती ।

(8) राहु, सूर्य एवं मंगल पंचम भाव में हो तो ऐसे जातक को शल्यचिकित्सा द्वारा कष्ट से पुत्र संतान की प्राप्ति होती है । आज की भाषा में ऐसे बालक को **"सिजेरियन चाइल्ड"** कहते हैं ।

(9) कुंभ लग्न में पंचमेश बुध कमजोर हो तथा राहु ग्यारहवें स्थान में हो तो

जातक को वृद्धावस्था में संतान होती है ।

(10) पंचम स्थान में राहु, केतु या शनि इत्यादि पापग्रह हो तो गर्भपात अवश्य होता है ।

(11) कुंभ लग्न में लग्नेश शनि द्वितीय स्थान में हो एवं पंचमेश बुध पापग्रस्त या पापपीड़ित हो तो ऐसे व्यक्ति के पुत्र संतान उत्पन्न होकर नष्ट हो जाते हैं ।

(12) कुंभ लग्न में पंचमेश बुध बारहवें स्थान में शुभ ग्रहों से युत या दृष्ट हो तो ऐसे जातक के पुत्र की वृद्धावस्था में अकाल मृत्यु हो जाती है जिससे जातक संसार से विरक्त होकर वैराग्य की ओर उन्मुख होता है ।

(13) पंचमेश यदि वृष, कर्क या तुला राशि में हो तो जातक को प्रथम संतति के रूप में कन्यारत्न की प्राप्ति होती है ।

(14) कुंभ लग्न में पंचमेश बुध की सप्तमेश सूर्य के साथ युति हो तो जातक को प्रथम संतान के रूप में कन्या रत्न की प्राप्ति होती है ।

(15) लग्नेश शनि यदि 1/2/3/5/7/9/11वें भाव में हो तो प्रथम पुत्र एवं 4/6/8/10/12/वें भाव में हो तो प्रथम संतान कन्या होती है ।

(16) पति-पत्नी दोनों की कुंडली में तुला राशिस्थ शनि हो तो संतान-सुख नहीं होता ।

(17) समराशि (2, 4, 6, 8, 10, 12) में गया हुआ बुध कन्या संतति की बाहुल्यता देता है । यदि चंद्रमा और शुक्र का भी पंचम भाव पर प्रभाव हो तो यह योग अधिक पुष्ट हो जाता है ।

(18) पंचमेश बुध निर्बल हो, लग्नेश शनि भी निर्बल हो तथा पंचमभाव में राहु हो तो जातक के सर्पदोष के कारण पुत्र संतान नहीं होती ।

(19) पंचम भाव में राहु हो और एकादश स्थान में स्थित केतु के मध्य सारे ग्रह होंतो पद्मनामक **"कालसर्पयोग"** के कारण जातक के पुत्र संतान नहीं होती । ऐसे जातक को वंश वृद्धि की चिंता एवं मानसिक तनाव रहता है ।

(20) सूर्य अष्टम हो, पंचम भाव में शनि हो, पंचमेश राहु से युत हो तो जातक को पितृदोष होता है तथा पितृशाप के कारण पुत्र संतान नहीं होती ।

(21) लग्न में मंगल, अष्टम में शनि, पंचम से सूर्य एवं बारहवें स्थान में राहु या केतु हो तो **"वंशविच्छेद योग"** बनता है । ऐसे जातक के स्वयं का वंश समाप्त हो जाता है आगे पीढ़ियां नहीं चलतीं ।

(22) कुंभ लग्न के चतुर्थभाव में पापग्रह हो तथा चंद्रमा जहां बैठा हो उससे आठवें स्थान में पापग्रह हो तो **"वशंविच्छेद योग"** बनता है । ऐसे जातक के स्वयं का वंश समाप्त हो जाता, उसके आगे पीढ़ियां नहीं चलतीं ।

(23) तीन केंद्रों में पापग्रह हो तो व्यक्त को **"इलाख्य नामक"** सर्पयोग बनता है । इस दोष के कारण जातक को पुत्र संतान का सुख नहीं मिलता । दोष

निवृति पर शांति हो जाती है ।

(24) कुंभ लग्न में पंचमेश पंचम, षष्ठ या द्वादश भाव में हो तथा पंचम भाव शुभ ग्रहों से दृष्ट न हो तो **"अनपत्ययोग"** बनता है ऐसे जातक को निर्बीज पृथ्वी की तरह संतान उत्पन्न नहीं होती पर उपाय से दोष शांत हो जाता है ।

(25) पंचम भाव मंगल बुध की युति हो तो जातक के जुड़वा संतान होती है । पुत्र या षुत्री की कोई शर्त नहीं ।

(26) जिस स्त्री की जन्म कुंडली में सूर्य लग्न में और शनि यदि सातवें हो, अथवा सूर्य+शनि की युति सातवें हो, तथा दसम भाव पर बृहस्पति की दृष्टि हो तो **"अनगर्भायोग"** बनता है ऐसी स्त्री गर्भधारण योग्य नहीं होती ।

(27) जिस स्त्री की जन्म कुंडली में शनि+मंगल छठे या चौथे स्थान में हो तो **"अनगर्भायोग"** बनता है ऐसी स्त्री गर्भधारण करने योग्य नहीं होती ।

(28) शुभ ग्रहों के साथ सूर्य +चंद्रमा यदि पंचम स्थान में हो तो **"कुलवर्द्धन योग"** बनता है । ऐसी स्त्री दीर्घजीवी, धनी एवं ऐश्वर्यशाली संतानों को उत्पन्न करती है ।

(29) पंचमेश मिथुन या कन्या राशि में हो, बुध से युत हो, पंचमेश और पंचम भाव पर पुरुष ग्रहों की दृष्टि न हो तो जातक को **"केवल कन्या योग"** होता है । पुत्र संतान नहीं होता ।

मीन लग्न और संतान योग

(1) मीन लग्न में पंचमेश चंद्रमा यदि आठवें हो तो जातक के अल्प संतति होती है।

(2) मीन लग्न में पंचमेश चंद्रमा क्षीण हो, पापग्रस्त या पापपीड़ित होकर छठे, आठवें या बारहवें स्थान में हो तो व्यक्ति के पुत्र नहीं होता।

(3) मीन लग्न में बृहस्पति कर्क, वृश्चिक या मीन राशि में हो तो जातक के पहली संतान कन्या होती है।

(4) मीन लग्न में पंचमेश चंद्रमा विषम राशि में हो तथा गुरु से युत या दृष्ट हो तो व्यक्ति के प्रथम संतान पुत्र ही होगा।

(5) मीन लग्न में सूर्य अकेला कर्क राशि में हो जातक दूसरा विवाह करने पर पुत्र की प्राप्ति होती है।

(6) मीन लग्न में मंगल अकेला कर्क राशिगत पंचमस्थ हो तो जातक को दूसरे विवाह से पुत्र की प्राप्ति होती हैं।

(7) मीन लग्न में शुक्र अकेला कर्क राशिगत पंचमस्थ हो तो व्यक्ति को दूसरे विवाह के बाद पुत्र की प्राप्ति होती है।

(8) मीन लग्न में बुध अकेला कर्क राशिगत हो तो जातक के थोड़े पुत्र होते हैं।

(9) मीन लग्न में शनि अकेला कर्क राशिगत हो तो जातक के बहुत पुत्र होते हैं।

(10) मीन लग्न में चंद्रमा स्वराशिगत पंचमस्थ हो तो थोड़े पुत्र होते हैं।

(11) मीन लग्न में अकेला बृहस्पति पंचमस्थ कर्क राशि में हो तो जातक के बहुत

सी कन्याएं होती हैं।

(12) मीन लग्न में पंचमेश चंद्रमा लग्न में हो एवं लग्नेश बृहस्पति पंचम भाव में परस्पर परिवर्तन करके बैठे हो तो जातक दूसरों की संतान गोद में लेकर अपने पुत्र की तरह पालता है।

(13) मीन लग्न के पंचम भाव में कर्क राशि होने से, यदि अन्य कोई दुर्योग न हो तो विवाहोपरांत जातक के शीघ्र संतति होती है।

(14) मीन लग्न में बृहस्पति कमजोर हो, साथ ही पंचमेश चंद्रमा, सप्तमेश बुध भी बलहीन हो तो **"अनपत्ययोग"** बनता है। ऐसे जातक को निर्बीज पृथ्वी की तरह पुत्र संतान की प्राप्ति नहीं होती पर उपाय करने से दोष की निवृति हो जाती है।

(15) राहु, सूर्य एवं मंगल पंचम भाव में हो तो ऐसे जातक को शल्यचिकित्सा द्वारा कष्ट से पुत्र संतान की प्राप्ति होती है। आज की भाषा में ऐसे बालक को **"सिजेरियन चाइल्ड"** कहते हैं।

(16) मीन लग्न हो पंचमेश चंद्रमा कमजोर हो तथा राहु एकादश भाव में हो तो जातक के वृद्धावस्था में संतान होती है।

(17) पंचम स्थान में राहु, केतु या शनि इत्यादि पापग्रह हो तो गर्भपात अवश्य होता है।

(18) मीन लग्न में लग्नेश गुरु द्वितीय स्थान में हो एवं पंचमेश चंद्रमा पापग्रस्त या पापपीड़ित हो तो ऐसे जातक के पुत्र संतान उत्पन्न होकर नष्ट हो जाते हैं।

(19) मीन लग्न में पंचमेश चन्द्रमा बारहवें, शुभ ग्रहों से युत या दृष्ट हो तो ऐसे जातक के पुत्र की वृद्धावस्था में अकाल मृत्यु हो जाती है जिससे जातक संसार से विरक्त होकर वैराग्य की ओर उन्मुख हो जाता है।

(20) पंचमेश यदि वृष, कर्क या तुला राशि में हो तो जातक को प्रथम संतति के रूप में कन्यारत्न की प्राप्ति होती है।

(21) मीन लग्न में पंचमेश चंद्रमा की सप्तमेश बुध केसाथ युति हो तो जातकको प्रथम संतान के रूप में कन्यारत्न की प्राप्ति होती है।

(22) सप्तम भाव में अर्थात् कन्या राशिस्थ मंगल हो तो एवं उस पर शनि की दृष्टि हो अर्थात् लग्न में मीन का शनि हो तो जातक स्त्री के संतान नहीं होती।

(23) लग्नेश-पंचमेश की युति कहीं भी हो, जातक का संतान पक्ष प्रबल होता है।

(24) गुरु चंद्र क्रमशः अपनी उच्च राशि कर्क वृष में पुनः क्रमशः पंचम व तृतीय भाव में हो तो जातक की संतान अत्यधिक भाग्यशाली होती है।

(25) समराशि (2, 4, 6, 8, 10, 12,) में गया हुआ बुध कन्या संतति की

बहुयता देता है । यदि चंद्रमा और शुक्र का भी पंचम भाव पर प्रभाव हो तो यह योग अधिक पुष्ट हो जाता है ।

(26) पंचमेश चंद्रमा निर्बल हो, लग्नेश गुरु भी निर्बल हो, पंचम भाव में राहु हो तो जातक को सर्पदोष के कारण पुत्र संतान नहीं होती ।

(27) पंचमभाव में राहु हो और एकादश स्थान में स्थित केतु के मध्य सारे ग्रह हों तो पद्मनामक **"कालसर्पयोग"** के कारण जातक के पुत्र संतान नहीं होती । ऐसे जातक को वंश वृद्धि की चिंता एवं मानसिक तनाव रहता है ।

(28) सूर्य अष्टम हो, पंचम भाव में शनि हो, पंचमेश राहु से युत हो तो जातक को पितृदोष होता है तथा पितृशाप के कारण पुत्र संतान नहीं होती ।

(29) लग्न में मंगल, अष्टम में शनि, पंचम से सूर्य एवं बारहवें स्थान में राहु या केतु हो तो **"वंशविच्छेद योग"** बनता है । ऐसे जातक के स्वयं का वंश समाप्त हो जाता है आगे पीढ़ियां नहीं चलतीं ।

(30) मीन लग्न के चतुर्थभाव में पापग्रह हो तथा चंद्रमा जहां बैठा हो उससे आठवें स्थान में पापग्रह हो तो **"वंशविच्छेद योग"** बनता है । ऐसे जातक के स्वयं का वंश समाप्त हो जाता है, उसके आगे पीढ़ियां नहीं चलतीं ।

(31) तीन केंद्रों में पापग्रह हो तो व्यक्ति को **"इलाख्य नामक"** सर्पयोग बनता है । इस दोष के कारण जातक को पुत्र संतान का सुख नहीं मिलता । दोष निवृति पर शांति हो जाती है ।

(32) मीन लग्न में पंचमेश पंचम, षष्ठ या द्वादश भाव में हो तथा पंचम भाव शुभ ग्रहों से दृष्ट न हो तो **"अनपत्ययोग"** बनता है ऐसे जातक को निर्बीज पृथ्वी की तरह संतान उत्पन्न नहीं होती पर उपाय से दोष शांत हो जाता है ।

(33) पंचम भाव मंगल बुध की युति हो तो जातक के जुड़वां संतान होती है पुत्र या पुत्री की कोई शर्त नहीं ।

(34) जिस स्त्री की जन्म कुंडली में सूर्य लग्न में शनि यदि सातवें हो, अथवा सूर्य+शनि की युति सातवें हो, तथा दसम भाव पर बृहस्पति की दृष्टि हो तो **"अनगर्भायोग"** बनता है ऐसी स्त्री गर्भधारण योग्य नहीं होती है ।

(35) जिस स्त्री की जन्म कुंडली में शनि+मंगल छठे या चौथे स्थान में हो तो **"अनगर्भायोग"** बनता है । ऐसी स्त्री गर्भधारण करने योग्य नहीं होती ।

(36) शुभ ग्रहों के साथ सूर्य+चंद्रमा यदि पंचम स्थान में हो तो **"कुलवर्द्धन योग"** बनता है । ऐसी स्त्री दीर्घजीवी, धनी एवं ऐश्वर्यशाली सन्तानों को उत्पन्न करती है ।

(37) पंचमेश मिथुन या कन्या राशि में हो, बुध से युत हो, पंचमेश और पंचम भाव पर पुरुष ग्रहों की दृष्टि न हो तो जातक को **"केवल कन्या योग"** होता है । पुत्र संतान नहीं होता ।

(1) पुत्र सौख्य योग

पुत्र स्थानाधिपे स्वोच्चे लग्नाद्धा द्वित्रिकोणगे।
गुरुणा संयुते दृष्टे पुत्र भाग्य मुपैति सः॥

—बृहत्पाराशर होराशास्त्र अ. 16/श्लो. 16

निष्पत्ति — पंचमेश अपने में उच्च का होकर 1, 2, 3, 5, 9 भावों में हो और गुरु से युतया दृष्ट हो तो यह योग बनता है।

परिणाम — ऐसे जातक को पूर्व जन्म अर्जित पुण्य कर्मों के कारण पुत्र संतान का पूर्ण सौख्य होता है।

उपाय
1. शीघ्र लाभ के लिए पंचमेश का रत्न $4\frac{1}{4}$ रत्ती एवं पुखराज रत्न $5\frac{1}{4}$ रत्ती एक ही अंगूठी या यंत्र में मंत्रपूत करवाकर पहनें।
2. गुरुवार का नियमित व्रत रखें।

(2) पुत्र सुख योग

निष्पत्ति — मिथुन, सिंह, वृश्चिक या मकर लग्न हो, एवं पंचम भाव में बुध बैठा हो तो यह योग बनता है।

परिणाम — इस योग में जन्मे जातक का पुत्र परिवार में सुख व प्रसन्नता का कारण बनेगा। क्योंकि उपरोक्त लग्नों में पंचम भाव के स्वामी गुरु या शुक्र होते हैं। बुध विद्या व बुद्धि का कारक होकर पंचम भाव से संबंध जोड़ेगा जो पहले से ही शुभ ग्रहों के आधिपत्य में है। इन योगों के कारण जातक का पुत्र धार्मिक संस्कारों, सद्विचारों एवं विद्या-बुद्धि से सम्पन्न होगा एवं कुटुम्ब-परिवार में सुखवृद्धि का आधार होगा।

उपाय
1. शीघ्र लाभ के लिए $5\frac{1}{4}$ रत्ती का पन्ना मंत्रपूत करवाकर धारण करें।
2. बुधवार का नियमित व्रत रखें।

(3) बहु संतति योग

निष्पत्ति — यदि पंचमेश तृतीय भाव में उच्च का हो, मित्र के घर में हो, शुभयोग करके बैठा हो तो यह योग बनता है ।

परिणाम — ऐसे जातक के अनेक संतानें (पुत्र-पुत्रियों की कोई शर्त नहीं) होती हैं। प्राय: इनको पुत्र-पुत्रियों दोनों का सुख रहता है। इनके भाई प्रभावशाली होते हैं तथा इनकी मित्रता धनिक वर्ग एवं उच्च-प्रतिष्ठित व्यक्तियों में होती है ।

(4) बहु संतति योग

सुते शुक्रभांशी वा शुक्र-दृष्टे बहुप्रजः ।

—जातकतत्व अ.5/192

निष्पत्ति — पंचम स्थान में शुक्र की राशि या शुक्र का नवमांश हो या पंचम भाव को शुक्र देखता हो तो यह योग बनता है ।

परिणाम — पुत्र या पुत्रियों की कोई शर्त नहीं होती पर ऐसे जातक के बहुत-सी संतानें होती हैं ।

विशेष — आज के युग में यदि ऑपरेशन कर दिया तो, या किन्हीं अन्य उपायों से संतान प्राप्ति के प्रयास ही निरस्त कर दिये हों तो इस योग की सार्थकता स्वत: ही समाप्त हो जाती है ।

(5) सुपुत्र योग

निष्पत्ति — यदि पंचमेश पंचम भाव में ही स्वगृही होकर बैठा हो तो यह योग बनता है ।

परिणाम — पंचम भाव पूर्व पुण्य का द्योतक भाव है । इसमें पंचमेश का स्वगृही होना शुभ संकेत है । ऐसे जातक के संतान पर ईश्वरीय कृपा होती है । ऐसे जातक की संतानें शुभ एवं पुण्य फलदाई होती हैं । यह एक शुभ योग है । ऐसे जातक की संतानें सत्पात्र एंव सुंपुत्र होती हैं ।

(6) सुपुत्र योग

निष्पत्ति— सिंह या वृश्चिक लग्न हो, अर्थात् पंचम भाव का स्वामी बृहस्पति हो तथा जन्म कुंडली में सूर्य शुभ स्थिति में हो अर्थात् सूर्य 1, 3, 4, 7, 9, 10 भावों में स्वगृही, उच्च का या मित्रक्षेत्री हो तो यह योग बनता है।

परिणाम — इस योग में जन्मा जातक सुयोग्य एवं पिता का सुपुत्र होता है।

विशेष — कलियुग में सुपुत्र का होना बहुत बड़ी उपलब्धि है।

(7) पुत्र द्वारा विदेश कीर्ति योग

निष्पत्ति — यदि पंचम भाव का स्वामी सातवें हो, पंचमेश, उच्च, मूलत्रिकोण, मित्र राशि में हर्णित हो या शुभ ग्रहों द्वारा देखा जाता हो तो यह योग बनता है।

परिणाम — ऐसे जातक का पुत्र अपनी जन्म स्थान, जन्म भूमि को त्याग कर परदेश जाता है तथा अपनी योग्यता से विदेश में खूब धन-रुपया एवं यश कमाता है।

(8) कुपुत्र योग

सुतेशे रिपुभावस्थे पुत्रः शत्रु-समो भवेत्।
मृतापत्योऽथवा जातो दत्तक्रीतसुतो अथवा॥

—बृहत्पाराशर होराशास्त्र अ.24/श्लो.54

निष्पत्ति — पंचमेश यदि छठे भाव में हो, पापग्रहों से युत या दृष्ट हो तो यह योग बनता है।

परिणाम — जातक को अपने पुत्र से शत्रुता रहती है। ऐसा जातक पुत्र-सुखहीन होता है। वृद्धावस्था को प्राप्त होते-होते ऐसा जातक दत्तक पुत्र या क्रीत पुत्र वाला होता है।

उपाय — ऐसी स्थिति में जातक को पंचमेश से संबंधित वस्तु का दान करना चाहिए तथा पंचमेश का रत्न, मंत्रपूरित करके यंत्रसहित गले में धारण करना चाहिए।

(9) संतति चिंता योग

निष्पत्ति — पंचमेश का यदि छटे, आठवें, बारहवें भाव के स्वामी से संबंध हो जाए तो यह योग बनता है।

परिणाम — इस योग में जन्मे जातक को अपनी संतानों को लेकर कोई-न-कोई चिंता बनी रहती है। प्राय: इस योग में जन्मे जातक संतान को लेकर दु:खी रहते हैं।

उपाय 1. पंचमेश का रत्न मंत्रपूरित करके गले में धारण करना चाहिए।

2. एक बार पंचमेश से संबंधित मंत्र का जाप करवाकर उसके दशांश का हवन करा देना चाहिए। यथाशक्ति ब्राह्मण भोजन कराकर गुरु का आशीर्वाद लेना चाहिए।

(10) अल्प संतति योग

निष्पत्ति— यदि पंचमेश चतुर्थ भाव में उच्च का, मित्र क्षेत्री हो तो यह योग बनता है।

परिणाम — ऐसे जातक को अल्प संतति होती है। संतान योग्य एवं गुणी होती है। यह भी देखा गया है कि ऐसे जातक की संतान कृषि कर्म या भूमि संबंधी कार्य में धन कमाती है।

विशेष — अल्पसंतति होना पुराने जमाने में एक दोष माना जाता था पर आज के युग एवं परिवेश में यह एक गुण है। अत: इसका उपाय देना व्यर्थ है।

(11) अल्प संतति योग

सुतेशे रंध्रभावस्थे, स्वल्पपुत्र सुखान्वित:।
कासश्वास समायुक्त:, क्रोधी च सुखवर्जित:॥

—बृहत्पाराशर होराशास्त्र अ. 24/ श्लो.56

निष्पत्ति — पंचमेश यदि आठवें हो तो यह योग बनता है।

परिणाम — ऐसा जातक अल्प-पुत्र संतति वाला होता है। क्रोधी होता है,

चिड़चिड़ा होता है। ऐसा जातक खांसी-कफादि रोगों से युक्त एवं यदि जन्मपत्री में कोई अन्य अच्छे योग न हो तो सुखहीन होता है।

उपाय 1. पंचमेश का मंत्रपूत रत्न धारण करें।

2. पंचमेश से संबंधित वस्तुओं का दान करें।

(12) अपुत्र योग

सुतेशेऽअस्तं गते वापि, पापाक्रांते च निर्बले।
तदा न जायते पुत्रो, जातो वाम्रियते ध्रुवम्॥

—बृहत्पाराशर होराशास्त्र अ.16/श्लो.3

निष्पत्ति — पंचमेश अस्त हो या पापग्रस्त हो तथा दुःस्थानों (6, 8, 12) में हो तो यह योग बनता है।

परिणाम — इस योग में जन्म लेने वाले जातक के पुत्र नहीं होता।

उपाय 1. पुत्रेष्टि यज्ञ कर दान-दक्षिणा से ब्राह्मणों को संतुष्ट करें।

2. संतानगोपाल स्तोत्र का नियमित पाठ करें।

3. पंचमेश एवं पंचम भाव को प्रभावित करने वाले सभी ग्रहों के अरिष्ट शांति का उपाय करें।

4. पंचमेश का रत्न वजन में $5\frac{1}{4}$ रत्ती का, पंचमेश के यंत्र में जड़वाकर, जप-अभिषेक करवाकर सदा के लिए गले में धारण करें।

5. अपने कुल व इष्ट देवता की विधिपूर्वक आराधना कर, उन्हें प्रसन्न करें।

(13) पुत्र प्राप्ति योग

लग्नेशे पुत्रे पुत्रेशे ज्यौ बलिनौ पुत्राप्तिः।

— जातकतत्व अ.5/168

निष्पत्ति — लग्नेश पंचम भाव में गया हो, पंचमेश और गुरु ये दोनों बलवान हों तो यह योग बनता है।

परिणाम — पुत्रों की संख्या की कोई शर्त नहीं पर ऐसे जातक को जीवन में

पुत्ररत्न की प्राप्ति अवश्य होती देखी गई है ।

उपाय — शीघ्र परिणाम के लिए पंचमेश का रत्न एवं पुखराज रत्न सम मात्रा में एक ही अंगूठी या यंत्र में धारण करें ।

(14) पुत्र प्राप्ति योग

सुतांगेशौ केन्द्रगौ शुभान्वितौ धनवै बलिनि पुत्राप्तिः ।

—जातकतत्व अ.5/ श्लो.174

निष्पत्ति — लग्नेश व पंचमेश ये दोनों शुभ ग्रह से युत होकर केंद्र स्थानों (1, 4, 7, 10) में हो और धनेश बलवान हो तो यह योग बनता है ।

परिणाम — पुत्रों की संख्या की कोई शर्त नहीं परंतु ऐसे जातक को जीवन में पुत्र रत्न की प्राप्ति अवश्य होती देखी गई है ।

उपाय — शीघ्र लाभ के लिए लग्नेश एवं पंचमेश दोनों के संयुक्त रत्न बराबर मात्रा में लेकर मंत्रपूत कर धारण करें ।

(15) पुत्र प्राप्ति योग

पुत्रांग पावन्वन्योन्य भगौ वा युतौ पुत्राप्तिः ।

— जातकतत्व अ.5. 173

निष्पत्ति — पंचम और लग्नेश ये दोनो अन्योन्यराशि में परस्पर परिवर्तन करके बैठे हों अथवा पंचमेश लग्नेश की युति हो तो यह योग बनता है ।

परिणाम — पुत्रों की संख्या की कोई शर्त नहीं परंतु ऐसे जातक को जीवन में पुत्र रत्न की प्राप्ति अवश्य होती है ।

उपाय — शीघ्र लाभ के लिए पंचमेश एवं लग्नेश दोनों के संयुक्त रत्न मंत्रपूत करके गले में धारण करें ।

(16) पुत्र प्राप्ति योग

पुत्रांगपौ परस्परं पश्यतः पुत्राप्तिः ।

— जातकतत्व अ.5/172

निष्पत्ति — पंचमेश और लग्नेश ये दोनों परस्पर एक-दूसरे को देखते हों तो यह योग बनता है ।

परिणाम — पुत्रों की संख्या की कोई शर्त नहीं परंतु ऐसे जातक को जीवन में पुत्र रत्न की प्राप्ति अवश्य होती है ।

उपाय — शीघ्र लाभ के लिए पंचमेश एवं लग्नेश दोनों के संयुक्त रत्न मंत्रपूत करके गले में धारण करें ।

(17) पुत्र प्राप्ति योग

वित्तेशे सुते बलाढ्ये गुरुदृष्टे पुत्राप्तिः ।

— जातकतत्व अ.5/171

निष्पत्ति — धनभाव का स्वामी बलवान होकर पंचम भाव में गया हो और पंचम भाव गुरु से दृष्ट हो तो यह योग बनता है ।

परिणाम — पुत्रों की संख्या की कोई शर्त नहीं होती परंतु ऐसे जातक को जीवन में पुत्र रत्न की प्राप्ति अवश्य होती है ।

उपाय — शीघ्र लाभ के लिए पुखराज युक्त गुरुयंत्र धारण करे ।

(18) पुत्र प्राप्ति योग

संतान भवनाधीशो जन्मलग्नाधिपस्तथा।
नरराशौ तदा पुत्रः स्त्रीराशौ कन्यकां भवेत्॥ *—भावकुतूहल*

निष्पत्ति — पंचमेश पुरुष राशि (मेष, मिथुन, सिंह, तुला, धनु, कुंभ) में हो तो यह योग बनता है ।

परिणाम — पुत्रों की संख्या की कोई शर्त नहीं होती पर ऐसे जातक को जीवन में पुत्ररत्न की प्राप्ति अवश्य होती देखी गई है । इसके साथ यदि लग्नेश भी पुरुष राशि में हो तो प्रथम पुत्र होता है ।

यदि पंचमेश स्त्रीराशि (वृषभ, कर्क, कन्या, वृश्चिक, मकर एवं मीन) में हो तो कन्या संतति की प्राप्ति होती है ।

(19) पुत्र प्राप्ति योग

पुत्रेज्ये बलिनि लग्नेश-दृष्टे पुत्राप्तिः ।

— जातकतत्वम् अ.5/ 169

निष्पत्ति — पंचमेश गुरु पूर्ण बलवान होवे और उसको लग्नेश देखता हो तो यह योग बनता है ।

परिणाम — पुत्रों की संख्या की कोई शर्त नहीं होती परंतु ऐसे जातक को जीवन में पुत्ररत्न की प्राप्ति अवश्य होती है ।

विशेष — वैसे यह योग मात्र सिंह एवं वृश्चिक लग्न में ही घटित होगा ।

उपाय — शीघ्र लाभ के लिए लग्नेश के रत्न के साथ $4\frac{1}{4}$ रत्ती पुखराज जड़वाकर गले में धारण करें ।

(20) पुत्र प्राप्ति योग

सुतेशे शुभयुत-दृष्टे वा सुतभेजीवे वा पुत्रप्राप्तिः ।

—जातकतत्व अ.5/167

निष्पत्ति — पंचमेश किंवा पंचम भाव अथवा पंचम का कारक ग्रह गुरु शुभ ग्रहों से युत या दृष्ट हो तो यह योग बनता है ।

परिणाम — पुत्रों की संख्या की कोई शर्त नहीं पर ऐसे जातक को जीवन में पुत्र रत्न की प्राप्ति अवश्य होती है ।

उपाय — शीघ्र लाभ के लिए पंचमेश के रत्न के साथ $4\frac{1}{4}$ रत्ती पुखराज सुवर्ण धातु में धारण करें ।

(21) पुत्र प्राप्ति योग

धर्मांगेशौ सप्तमे धनेशोगे पुत्राप्तिः ।

— जातकतत्वम् अ.5/176

निष्पत्ति — नवमेश और लग्नेश ये दोनों सप्तम भाव में गये हों तथा धनेश

लग्न में गया हो तो यह योग बनता है ।

परिणाम -- पुत्रों की संख्या की कोई शर्त नहीं पर ऐसे जातक को जीवन में पुत्र रत्न की प्राप्ति अवश्य होती देखी गई है ।

(22) प्रथम पुत्र योग

त्र्यर्थागे लग्नपे प्रथम सुतः ।

— जातकतत्वम् अ. 5/196

निष्पत्ति -- लग्नेश लग्न में किंवा दूसरे तीसरे भाव में गया हो तो यह योग बनता है ।

परिणाम — ऐसे जातक को प्रथम संतति के रूप में पुत्र रत्न की प्राप्ति होती है ।

(23) प्रथम पुत्र योग

निष्पत्ति— लग्नेश, प्रथम, द्वितीय या तृतीय भाव में हो तो यह योग बनता है ।

परिणाम— ऐसे जातक को प्रथम संतति के रूप में पुत्ररत्न की प्राप्ति होती है ।

(24) प्रथम पुत्र योग

द्विस्वभावगा चंद्रार शुक्राः प्रथम सुतः ।

— जातकतत्वम् अ. 5/197

निष्पत्ति— चंद्र, मंगल और शुक्र ये तीनों द्विस्वभाव (मिथुन, कन्या, धनु, मीन) राशि में हों तो यह योग बनता है ।

परिणाम— ऐसे जातक को प्रथम संतति के रूप में पुत्ररत्न की प्राप्ति होती है ।

(25) प्रथम पुत्र योग

निष्पत्ति — पंचमेश लग्न में हो एवं बृहस्पति से युत या दृष्ट हो तो यह योग बनता है।

परिणाम — ऐसे जातक को प्रथम संतति के रूप में पुत्ररत्न की प्राप्ति होती है।

(26) प्रथम पुत्र योग

पुत्रेशे पुभांशगे पुंग्रहे प्रथमं पुत्रोन्यथा कन्या ॥

—जातकतत्वम् अ.5/207

निष्पत्ति — पंचमेश पुरुषग्रह (सूर्य, मंगल, गुरु) हो और वह पुरुष राशि (1, 3, 5, 7, 9, 11) में हो। पुरुषराशि के नवमांश में हो तो यह योग बनता है।

परिणाम — ऐसे जातक को प्रथम संतति के रूप में पुत्ररत्न की प्राप्ति होती है।

(27) प्रथम पुत्र योग

निष्पत्ति — पंचमेश पुरुष ग्रह (सूर्य, मंगल, गुरु) हो एवं पुरुष राशि (मेष, मिथुन, सिंह, तुला, धनु, कुंभ) में हो तो यह योग बनता है।

परिणाम — ऐसे जातक को प्रथम संतति के रूप में पुत्ररत्न की प्राप्ति होती है।

(28) प्रथम पुत्र योग

निष्पत्ति — पुरुष ग्रह पंचम भाव में एवं सप्तम भाव में बलवान होकर बैठे हो तो यह योग बनता है।

परिणाम — ऐसे जातक को प्रथम संतति के रूप में पुत्र रत्न की प्राप्ति होती है।

(29) एक पुत्र योग

कोणे शुक्रर्क्षगेन्दावेक पुत्रः

—जातकतत्वम् अ.5/198

निष्पत्ति — ऐसे जातक को संतति के रूप में एक पुत्ररत्न की प्राप्ति होती है ।

परिणाम — ऐसे जातक को प्रथम संतति के रूप में पुत्र रत्न की प्राप्ति होती है ।

(30) एक पुत्र योग

निष्पत्ति — पंचमेश केंद्र (1, 4, 7, 10) या त्रिकोण (5, 9) में हो तो यह योग बनता है ।

परिणाम — इस योग में जन्मे जातक को संतति के रूप में एक पुत्र रत्न की प्राप्ति होती है । यह योग सर्वमान्य सूत्रों पर आधारित है । यदि दूसरे अशुभ योग बलवान न हो तो इस योग की रक्षा होती है ।

(31) एक पुत्र योग

पुत्रमेकं दिननाथ पंचमपतिः, सद्वीर्य दृष्टि भवेत् ।

अथवा

एक पुत्रों रवौवाच्य ।

—मानसागरी योगा.7

निष्पत्ति — पंचमेश सूर्य हो या पंचम भाव में सूर्य हो एवं शुभग्रहों द्वारा देखा जाता है तो यह योग बनता है ।

परिणाम — इस योग में जन्मे जातक को संतति के रूप में एक "पुत्ररत्न" की प्राप्ति होती है । ऐसा जातक का पुत्र सूर्य के समान तेजस्वी होता है एवं अपने पराक्रम से आगे बढ़ता हुआ खूब धनी व मानी पुरुष होता है ।

(32) एक पुत्र योग

मन्दात् पंचमगे जीवे, जीवात् पंचमगे शनौ।
सुतभे पापसंयुक्ते, पुत्रमेकं विनिर्दिशेत्॥

—बृहत्पाराशर होराशास्त्र 16/29

निष्पत्ति — शनि से पंचम भाव में गुरु और गुरु से पंचम भाव में शनि हो तथा पंचम भाव पाप पीड़ित हो तो यह योग बनता है।

परिणाम — इस योग में जन्मे जातक को एक पुत्र की प्राप्ति होती है।

(33) कुपुत्र योग

सुते राहुकेतु कुपुत्रः ।

—जातकतत्वम् अ.5/199

निष्पत्ति — पंचम स्थान में राहु या केतु हो तो यह योग बनता है।

परिणाम — ऐसे जातक के एक पुत्र जरूर होता है पर वह पुत्र दुष्ट स्वभाव का होता है।

विशेष — यह सबसे खराब योग है। पुत्र होकर गुजर जाए तो व्यक्ति कुछ समय बाद उस गम को भुला सकता है परंतु कुपत्र व दुष्ट स्वभाव वाले पुत्र के व्यवहार में जातक को दिन रात जो भयंकर वेदना पंहुचती है, उसका दर्द तो वही जानता है। अतः इसका उपाय अनिवार्य है।

उपाय—

1. राहु केतु का जाप करावें ।
2. घर में स्टील के बर्तन, काले वस्त्रों या तम्बाकू का प्रयोग बंद कर दें ।
3. अपने शरीर के बराबर मूली तुलवाकर, उसका दान कर दें ।
4. सवा किलो कच्चा कोयला, सात शनिवार तक नदी में बहाते रहें । इससे लाभ होगा ।
5. ज्वार या बाजरा सिर के नीचे रख कर सोवें, सुबह जल्दी इसे कबूतरों या चिड़ियों को चुगा दें ।
6. जरूरतमंद लोगों को भूरे रंग के कंबल सर्दियों में दान दें ।
7. नीलम या नीले रंग का कोई भी रत्न भूलकर भी न पहनें ।
8. शिवजी पर धतूरे या जहरीले जंगली पुष्प चढावें ।
9. राहु या केतु के तांत्रिक मंत्र का नित्य जाप करें ।

(34) द्विपुत्र योग

लग्नातृतीय भवने यदि चन्द्रसुतो भवेत्।
द्वौ पुत्रौ कन्यकास्तिस्त्रो जायन्ते नात्र संशय ।। *—लग्न चंद्रिका*

निष्पत्ति — लग्न से तीसरे घर में उच्च का, स्वगृही बलवान बुध बैठा हो तो यह योग बनता है ।

परिणाम — इस योग में जन्मे जातक के दो पुत्र होते हैं । यदि ऑपरेशन या अन्य उपाय न हो, तो तीन कन्याएं और होती हैं ।

(35) त्रिपुत्र योग

धीस्थेर्के शुभ दृष्टे त्रिपुत्रः । —*जातकतत्वम् अ.5/200*

निष्पत्ति — पंचम में भाव में सूर्य हो और उसे गुरु देखता हो तो यह योग बनता है ।

परिणाम — इस योग में जन्मे जातक के तीन पुत्र होते हैं ।

(36) त्रिपुत्र योग

भौमे तृतीये क्रमात् ।

अथवा

भौमे पुत्रास्त्रयो वाच्या । —*मानसागरी योगा. 7*

निष्पत्ति — पंचम भाव का स्वामी मंगल हो, पंचम में बैठा हो तथा शुभ ग्रहों द्वारा देखा जाता हो तो यह योग बनता है ।

परिणाम — यह योग कर्क एवं धनु लग्न में मुखरित होता है । इस योग के कारण जातक के तीन पुत्र होते हैं ।

(37) त्रिपुत्र योग

मृगेऽर्कजे सुते त्रिपुत्रः ।

—*जातकतत्वम् अ.5/202*

निष्पत्ति — मकर राशि में शनि पंचम भाव में हो तो यह योग बनता है ।

परिणाम — यह योग केवल कन्या लग्न में होगा । फलस्वरूप पंचमेश पंचम में स्वगृही होगा । ऐसी स्थिति में शनि तीन पुत्र देता है ।

(38) त्रिपुत्र योग

सुते मृगगे भौमे त्रिपुत्र : ।

—*जातकतत्वम् अ.5/203*

निष्पत्ति — मकर राशि में मंगल यदि पंचम भाव में हो तो यह योग बनता है।

परिणाम — यह योग भी केवल कन्या लग्न में ही बनेगा। यहां शनि के घर में उच्च का मंगल होगा। ऐसा मंगल जातक को तीन पुत्र देता है।

(39) चार पुत्र योग

सुते सूर्य भौमगुर्वन्यतये क्रमादेकं त्रिपंच पुत्रोत्पत्तिः ।

—जातकतत्वम् अ.5/204

निष्पत्ति — पंचम भाव में सूर्य और मंगल हो तो यह योग बनता है।

परिणाम — इस योग में जन्मे जातक के चार पुत्र होते हैं जिसमें एक पुत्र सूर्य एवं तीन पुत्र मंगल देता है।

(40) पंच पुत्र योग

पुत्रा पंच वदन्ति देवगुरुणाम् ।

अथवा

गुरौ गर्भे सुताः पञ्च। *—मानसागरी योगा. 8*

निष्पत्ति — पंचम भाव का स्वामी गुरु हो एवं पंचम में बैठा हो, शुभ ग्रहों द्वारा देखा जाता हो तो यह योग बनता है।

परिणाम — ऐसे जातक के पांच पुत्र होते हैं। यह योग केवल सिंह एवं वृश्चिक लग्न में ही बनता है।

(41) पंच पुत्र योग

कुंभे मंदे सुते पंचपुत्रः । *—जातकतत्वम् अ.5/203*

निष्पत्ति — कुंभ राशि का शनि यदि पंचम भाव में हो तो यह योग बनता है।

परिणाम — यह योग केवल तुला लग्न में ही बनता है। कुंभ शनि की मूल

त्रिकोण राशि है, इसमें यह हर्षित रहता है। अतः यहां बैठकर शनि पांच पुत्र प्रदाता बन जाता है।

(42) षट् पुत्र योग

सुते सूर्य भौमगुर्वन्यतमे क्रमादेकं त्रिपुंच पुत्रोत्पत्तिः ।

—जातकतत्वम् अ.5/204

निष्पत्ति — पंचम भाव में सूर्य एवं गुरु दोनों हों तो यह योग बनता है।

परिणाम — पंचमेश सूर्य या गुरु हो तो यह योग ज्यादा बलवान होता है फलतः यह योग मेष, सिंह, वृश्चिक लग्न में स्पष्टतः मुखरित होता है। गुरु पांच पुत्र एवं सूर्य एक पुत्र को देता है। इस तरह इस योग में जन्म लेने वाले जातक के छः पुत्र होते हैं।

(43) छः पुत्र योग

वित्तेशे पंचम स्थाने सुतस्थे च सुताधिपे।
जायन्ते षट् सुतास्तस्य, तेषांच त्रिप्रजामृतिः ॥

—बृहत्पाराशर होराशास्त्र 166/28

निष्पत्ति — पंचमेश के साथ धनेश पंचम (पुत्र) भाव में हो तो यह योग बनता है।

परिणाम — इस योग में जन्मे जातक के छः पुत्र होते हैं। परंतु इनमें से तीन की मृत्यु हो जाती है।

(44) सप्त पुत्र यमल योग

पंचमात् पंचमे मन्दे, सुतस्थे च तदीश्वरे।
सूनवः सप्त संख्याश्य, द्विगर्भे यमलौ वदेत् ॥

—बृहत्पाराशर होराशास्त्र 16/27

निष्पत्ति — पंचमेश पंचम भाव में स्वगृही हो और पंचम भाव से पांचवें स्थान पर शनि हो तो यह योग बनता है।

परिणाम — इस योग में जन्मे जातक के सात पुत्र होते हैं। उनमें से दो गर्भ से 2-2 पुत्र (यमल बालक) उत्पन्न होते हैं।

(45) अष्टपुत्र योग

पुत्रभाग्यगते जीव, सुतेश बलसंयुते।
धनेशे कर्मभावस्थे वसुसंख्यास्तु सूनवः ॥

—बृहत्पाराशर होराशास्त्र 16/26

निष्पत्ति — गुरु पांचवें या नवम भाव में हो, पंचमेश पूर्ण बली हो, धनेश (दूसरे घर का स्वामी) दसम भाव में हो तो यह योग बनता है ।

परिणाम — यदि शल्यचिकित्सा एवं अन्य कोई बाधा न हो तो इस योग में जन्मे जातक के आठ पुत्र होने की संभावना रहती है ।

(46) अष्टपुत्र योग

सूते सूर्यभौमगुर्वन्यतमे क्रमादेक त्रिपंच पुत्रोत्पतिः ।

—जातकतत्वम् अ.5/204

निष्पत्ति — पंचम भाव में मंगल और गुरु हो तो यह योग बनता है ।

परिणाम — इस योग में जन्मे जातक के आठ पुत्र होने की संभावना रहती है । गुरु पांच पुत्र देता है और मंगल तीन पुत्र प्रदाता कहा गया है । यदि शल्यचिकित्सा एवं अन्य बाधा न हो तो जातक के आठ पुत्र होते हैं ।

विशेष — यदि इन दोनों में से एक ग्रह भी स्वगृही हो तो यह योग अधिक पुष्ट हो जाता है । फलतः कर्क, सिंह, वृश्चिक एवं धनु लग्न में यह योग अधिक शक्तिशाली माना गया है ।

(47) नवपुत्र योग

परमोच्चगते जीवे, धनेशे राहु संयुते।
भाग्येशं भाग्यसंयुक्ते, संख्याता नव सूनवः ॥

—बृहत्पाराशर होराशास्त्र 16/25

निष्पत्ति — गुरु अपनी उच्च राशि में हो, द्वितीयेश राहु से युत हो, भाग्येश भाग्यस्थान (नवम) में हो तो यह योग बनता है ।

परिणाम — यदि शल्य चिकित्सा या अन्य कोई बाधा न हो तो इस योग में जन्मे जातक के नौ पुत्र होते हैं ।

(48) नव पुत्र योग

सुते सूर्य भौम गुर्वन्यतम क्रमादेक त्रिपंचपुत्रोत्पत्तिः ।

—जातकतत्वम् अ.5/204

निष्पत्ति — पंचम भाव में सूर्य, गुरु व मंगल हो तो यह योग बनता है ।

परिणाम — इस योग में जन्मे जातक के शल्य चिकित्सा या कोई अन्य बाधा न हो तो नव पुत्र होने की संभावना रहती है । शास्त्र वचनानुसार गुरु पांच, मंगल तीन एवं सूर्य क्रमानुसार एक पुत्र देता है ।

विशेष — इनमें से एक भी ग्रह स्वगृही हो तो योग अधिक पुष्ट हो जाता है । अर्थात् मेष, कर्क, सिंह, वृश्चिक एवं धनु लग्न में इस योग की सार्थकता अधिक प्रबल हो जाती है ।

(49) दस पुत्र योग

चतुर्थे पाप संयुक्ते, षष्ठभावे तथैव हि।
सुतेशे परमोच्चस्थे, लग्नेशेन समन्विते।
कारके शुभसुंयुक्ते दशसंख्यास्तु सूनवः ।।

—बृहत्पाराशर होराशास्त्र 16/24

निष्पत्ति — चतुर्थ एवं षष्ठ भाव में पापग्रह हो, लग्नेश के साथ पंचमेश अपने परम उच्च में हो, पुत्र शावकारक ग्रह, शुभ ग्रह से युत हो तो यह योग बनता है ।

परिणाम — यदि कोई शल्य चिकित्सा या अन्य उपचार वगैरा न किया गया हो तो इस योग में जन्म लेने वाले जातक के दस पुत्र होने की संभावना रहती है ।

(50) दत्तक पुत्र योग

युग्मोदये पुत्रनाथः चतुर्थस्थानगो ऽपि वा।
मंदाशंक समारूढ़ो दत्तपुत्रो भविष्यति ।।

—जातक शिरोमणि

निष्पत्ति — लग्न समराशि (2, 4, 6, 8, 10, 12) में हो और पंचमेश चतुर्थ स्थान में हो या शनि के नवमांश में हो तो यह योग बनता है ।

परिणाम — ऐसे जातक के स्वयं के पुत्र नहीं होता परंतु यह भाइयों के पुत्र या दूसरों की संतान को गोद लेता है । ऐसा जातक दत्तक पुत्र को पालता है तथा अपनी धन-संपत्ति का उसे मालिक बनाता है ।

(51) दत्तक पुत्र योग *(परिवर्तन योग से)*

लग्नेशे पंचमम्प्राप्ते धीशे वा लग्नमागते।
धीशे शनौ बुधे वा ऽपि दत्तपुंत्र समादिशेत्॥

निष्पत्ति — लग्नेश पंचम भाव में और पंचमेश लग्न में परस्पर परिवर्तन करके बैंठे तो यह योग बनता है ।

परिणाम — ऐसे जातक को स्वयं के पुत्र नहीं होता । यह भाइयों के पुत्र को या दूसरों की संतान को गोद लेता है । दत्तक पुत्र को पालता है तथा अपनी धन-संपत्ति का उसे मालिक बनाता है ।

(52) दत्तकपुत्र योग

दु:स्थौ विलग्न सुतपौ समुपेति पुत्रम्।
दत्तात्मजं च शुभखे चरे वीक्षितौ चेत्॥ —*जातक शिरोमणि*

निष्पत्ति — लग्नेश और पंचमेश दु:स्थान (6, 8, 12) के स्थान में शुभ ग्रह से दृष्ट हो तो दत्तक पुत्र योग बनता है ।

परिणाम — इस योग में जन्मा जातक दूसरों की संतान को गोद लेता है । उसे पालता है एवं अपनी संपत्ति का स्वामी बनाता है । बाद में इस योग में जन्मे जातक के प्रथम तो दत्तक पुत्र योग बनता है । बाद में और संतान भी होती है अथवा यह भी संभव है कि और संतान ही हो, कहने का तात्पर्य है कि इस योग में जन्मे जातक के प्राय: स्ववीर्य से उत्पन्न संतति की प्राप्ति नहीं होती ।

(53) दत्तक पुत्र

तुर्ये मन्दारौ दत्तपुत्रः । —*जातकतत्वम् अ.5/210*

निष्पत्ति — चतुर्थ भाव में शनि और मंगल का योग हो तो दत्तक पुत्र योग बनता है ।

परिणाम — इस योग में जन्मा जातक दूसरों की संतान को गोद लेता है । उसे पालता है एवं अपनी संपत्ति का स्वामी बनाता है ।

(54) दत्तक पुत्र योग

मंदाशे पुत्रराशीशाः स्वराशौ गुरुभार्गवौ ।
पूर्वदत्तसुतप्राप्तिः परंनायां पुनः सुत; ॥

—*जातक शिरोमणि*

निष्पत्ति — पंचमेश शनि के नवमांश मे हो और गुरु, शुक्र ये दोनों स्वगृही हों तो यह योग बनता है ।

परिणाम — इस योग में उत्पन्न व्यक्ति दूसरों की संतान को गोद लेता है । उसे अपनी भूमि-संपत्ति का स्वामी बनाता है । प्रथम तो दत्तक पुत्र लेता है फिर बाद में उसको और पुत्र की प्राप्ति भी होती देखी गई है ।

(55) दत्तक पुत्र योग

निष्पत्ति — यदि पंचमेश अष्टम स्थान में नीच का, शत्रुक्षेत्री या पापग्रस्त हो तो यह योग बनता है ।

परिणाम — इस योग में जन्मे जातक के प्रथमतः पुत्र होता नहीं, होता है, तो शीघ्र मृत्यु को प्राप्त होता है । ऐसे जातक के दत्तक पुत्र होता है । वह किसी-न- किसी लड़के को गोद में लेता है ।

(56) क्रीत पुत्र योग

धीस्थे मन्दे ज्ञेन्दुयुते क्रीत पुत्रः । —*जातकतत्वम्*

निष्पत्ति— पंचम स्थान में यदि शनि हो तथा बुध चंद्रमा से युत हो तो यह योग बनता है ।

परिणाम — इस योग में जन्मे जातक के स्वयं का पुत्र नहीं होता है । ऐसे मनुष्य को क्रीत पुत्र (खरीदा हुआ बैटा) होता है । ऐसा जातक अपने धन के बल से दूसरे के बेटे को खरीदता है । अनाथालय से लाकर पाले गए बच्चों की कुंडलियों में मैंने यह योग देखा ।

(57) जारज पुत्र *(पराया पुत्र)*

चौथ नवम चवदस जाण,
रवि, शनि, मंगल वार बखाण ।
उत्तरा तीनु तिजो पायो,
निश्चय बीज परायो लायो ।
रवि क्षत्री, शनि बाणियो, मंगल मध्य मंजाण,
समझौ थे सुगड़ नर, ज्योतिष शास्त्र प्रमाण ।। —*जनश्रुति*

निष्पत्ति — रवि, शनि या मंगलवार को यदि चतुर्थी, नवमी या चतुर्दशी कोई भी तिथि हो । उस दिन उत्तराफाल्गुनी, उत्तराषाढ़ा या उत्तराभाद्रपद में से कोई भी नक्षत्र का तीसरा चरण हो ।

परिणाम — इन तीनों योगों में जन्मा बालक अपने पिता की संतान नहीं होती । ऐसा जातक जारंज पुत्र (पराया पुत्र) होता है । यह बीज (वीर्य) किसका है । इसको जानने के लिए शास्त्रकार कहते हैं कि यदि रविवार को बालक जन्मा तो वह क्षत्रीय का वीर्य है । शनिवार को जन्मा तो वणिक का, मंगलवार को जन्मा तो शूद्र का वीर्य है । ऐसा ज्योतिष शास्त्र का प्रमाण है ।

विशेष — जनश्रुतियों पर आधारित इस योग को मैंने प्रत्यक्ष आजमाया है । इस योग में जन्मे दस-बारह जातकों की कुंडलियां मेरे पास हैं, जिसका मुझे पता है कि वे अपने पिता की संतान नहीं हैं । ऐसे में उदाहरण देना खतरे से खाली नहीं पर यह योग सत्य है, इतना ही प्रबुद्ध पाठकों को बतलाना चाहता हूं ।

(58) जारज पुत्र *(पराया बीज)*

लग्नाष्टमगे चन्द्रे चन्द्राष्टमगे गुरौ।
पापग्रहैर्युते दृष्टो परजातो न संशयः ॥

—बृहत्पाराशर होराशास्त्र 16/15

निष्पत्ति — लग्न से अष्टमभाव में चंद्रमा में हो और चंद्रमा से अष्टम गुरु हो। गुरु पापग्रह से युत या पीड़ित हो तो यह योग बनता है।

परिणाम — इस योग में जन्मा जातक निश्चय ही परजात होता है। ऐसा बालक अपने पिता की संतान नहीं होती।

(59) जारज पुत्र योग

सुतेशे चरराशिस्थे राहुणा सहिते विधो।
पुत्रस्थानं गते मन्दे परजातं वदेच्छिशुभ् ॥

—बृहत्पाराशर होराशास्त्र 16/14

निष्पत्ति — पंचमेश चर राशि (मेष, कर्क, तुला, मकर) में हो। शनि पंचम भाव में हो, चंद्रमा राहु से युक्त हो तो यह योग बनता है।

परिणाम — इस योग में जन्मा जातक परजात होता है। वह अपने पिता की संतान नहीं होता।

(59) जारज पुत्र योग

निष्पत्ति— **न पश्यति शशी लग्नं, मध्यस्थः सौम्य शुक्रयोः।**
पितुः परोक्षे जन्म, स्याद् भौमे ऽस्ते वातनौ यमे ॥

—मानसागरी 4/93

परिणाम — बधु, शुक्र के बीच में रहकर चंद्रमा यदि लग्न को नहीं देखता हो तथा सप्तम में मंगल और लग्न में शनि हो तो पिता के परोक्ष में जातक का जन्म हुआ है, ऐसा समझना चाहिए।

(60) जारज पुत्र योग

निष्पत्ति — बलवान पंचमेश और सप्तमेश की युति षष्ठेश से हो एवं शुभ ग्रह से न देखे जाते हों तो यह योग बनता है।

परिणाम — ऐसे जातक में पुत्र उत्पन्न करने की क्षमता नहीं होती, उसकी पत्नी के दूसरे व्यक्ति द्वारा जारज पुत्र होता है।

विवेचन — यह योग तीन ग्रहों की युति से होता है। इस योग के अनुसार जारज पुत्र की प्राप्ति हेतु पति-पत्नी दोनों दोषी होते हैं। अनुभव में यह आया कि ऐसी पत्नी का पति किसी दूसरी स्त्री से गलत संबंध बनाए रखता है और पत्नी भी अपने ढंग से दूसरे पुरुष से संबंध बना लेती है।

दूसरे पुरुष द्वारा ही जारज पुत्र की उत्पत्ति होती है। ऐसा पुत्र समाज में हेय दृष्टि द्वारा देखा जाता है इसलिये ऐसी संतानें हीनभावना से ग्रस्त एवं सिद्धांतहीन, आदर्शविहीन जीवन जीने के लिए मजबूर होती हैं।

उपाय — कुंडली मिलान करते समय यदि किसी भी स्त्री या पुरुष की कुंडली में यह योग दिखलाई पड़े तो उसे विवाह हेतु त्याज्य समझें, इसी में दोनों पक्ष का भला है। यदि देव संयोग से विवाहित जातक की कुंडली में यह योग दिखाई दे तो ऐसी स्थिति में षष्ठेश के दोष की निवृत्ति का उपाय करना चाहिए। पति-पत्नी को घर का माहौल यही रखना चाहिए तथा 'संतान गोपाल' का नियमित पाठ करना चाहिए।

विशेष — यह योग विदेशीयों की कुंडली में बहुतायत से पाया जाता है।

(60) शीघ्र संतान योग

सुतेगोजकर्के राहुकेतु संतानोत्पत्तौ नौ विलंबः। —*जातकतत्वम्*

निष्पत्ति — पंचम भाव में मेष, वृषभ या कर्क राशि हो, पंचम भाव में राहु या केतु हो तो यह योग बनता है।

परिणाम — इस योग में जन्मे जातक को संतान सुख की प्राप्ति शीघ्र होती है।

विशेष — उपरोक्त परिभाषा के अनुसार यह योग धनु, मकर एवं मीन लग्न में ही घटित होगा।

(61) विलंब से संतान प्राप्ति योग

सशुभा अंकाकं सुते शास्त्रिकस्था विलम्बतः प्रजाः ।

—जातकतत्वम्

निष्पत्ति — लग्न, नवम एवं पंचम भाव के स्वामी शुभग्रह से युत होकर छठे, आठवें या बारहवें भाव में चले जाए तो यह योग बनता है ।

परिणाम — इस योग में जन्मे जातक को संतान सुख विलंब से मिलता है ।

उपाय—

1. इस पुस्तक में दिए गए 'अथर्ववेदीय संतान' प्रकरण को काम में (प्रयोग) में लें ।
2. 'गुरुयंत्र' गले में धारण करें
3. गुरुवार का नियमित व्रत रखें
4. इन नियमों को पति-पत्नी दोनों पालन करें ।

(62) विलंब संतति योग

निष्पत्ति — शनि लग्न में हो, बृहस्पति आठवें और मंगल बारहवें हो तथा पंचम भाव में सूखी राशि (कर्क, वृश्चिक, मीन) को छोड़कर कोई भी हो तो यह योग बनता है ।

परिणाम — इस योग में जन्मे जातक को संतति सुख विलंब से मिलता है ।

विशेष — यह योग कर्क, वृश्चिक एवं मीन लग्न में लागू नहीं होता है ।

उपाय—

1. शनि और मंगल ग्रह की शांति का उपाय करें ।
2. बृहस्पति का यंत्र गले में धारण करें ।
3. बृहस्पतिवार की कथा के साथ व्रत रखें ।
4. अथर्ववेदीय संतान प्रकरण को काम में लें ।
5. संतान गोपाल का पाठ करें ।

(63) विलंब संतति योग

निष्पत्ति — मंगल लग्न में हो, शनि आठवें हो तथा सूर्य पंचम भाव में हो तो यह योग बनता है ।

परिणाम — इस योग में जन्मे जातक को संतान सुख विलंब से मिलता है।

उपाय—
1. अथर्ववेदीय संतान प्रकरण को काम लें।
2. मंगल यंत्र धारण करें।
3. मंगलवार का नियमित व्रत रखें।
4. सूर्य ग्रह का जाप व दान करें।
5. पुत्रेष्टि यज्ञ करें।
6. संतान गोपाल 'नंदगोप गृहे जाता' के संपुटित मंत्र से दुर्गासप्तशती के पाठ करावें।
7. यदि स्त्री हो तो 'मंगलागौरी' का व्रत रखें।

(64) विलंब संतति योग

निष्पत्ति — पंचम भाव में पापग्रह हो, दो-तीन ग्रह लग्न में हों और चंद्रमा बृहस्पति से ग्यारहवें स्थान में हो तो यह योग बनता है।

परिणाम — इस योग में जन्मे जातक को संतान सुख विलंब से प्राप्त होता है।

उपाय
1. चंद्रमा का मोतीयुक्त यंत्र गले में धारण करें।
2. सोमवार का नियमित व्रत कथापूर्वक करें।
3. शिवजी पर दुग्ध मिश्रित जल चढावें।
4. श्रावण व भादों के सभी सोमवारों को संकल्पपूर्वक रूद्राभिषेक करावे।
5. अथर्ववेदीय संतान प्रकरण को प्रयोग में लें।

(65) विलंब से पुत्र प्राप्ति योग

खभे सौम्याः सुते पापाः सुतसुख विलंबात्। —*जातकतत्वम्*

निष्पत्ति — दशम स्थान में शुभग्रह हो और पंचम स्थान में पापग्रह तो यह योग बनता है।

परिणाम — इस योग में जन्मे जातक को पुत्र सुख विलंब से मिलता है।

उपाय — 1. पंचमेश का मंत्रपूरित रत्न धारण करें।
2. गुरुवार का व्रत कथापूर्वक करें।
3. अथर्ववेदीय संतान प्रंकरण को प्रयोग में लें।
4. 'नंदगोपगृहे जाता' के संपुटित मंत्र से दुर्गासप्तशती के पाठ करवा कर, दशांश हवन एवं ब्राह्मण भोजन करावें।

(66) शल्य-चिकित्सा से संतान योग

राहुवर्कारा: सुतगा: शांतित: सुतसौख्यदा:।

—*जातकतत्वम् अ.5/163*

निष्पत्ति — राहु, सूर्य व मंगल पंचम भाव में स्थित हो तो यह योग बनता है।

परिणाम — ऐसे जातक को कष्ट से संतान प्राप्ति होती है। और प्राय: देखा गया है कि ऐसे जातक के पुत्र की उत्पत्ति शल्य-चिकित्सा द्वारा होती है तथा आज की भाषा में इन्हें "सीजेरियन चाइल्ड" कहा जाता है।

(67) शल्य चिकित्सा से संतान योग

सुतेशे नीचे धर्मेशे ऽअंगे ज्ञे केतु पुत्रे कष्टात्पुत्राप्ति:।

—*जातकतत्वम् अ.5/164*

निष्पत्ति — पंचम स्थान का स्वामी अपनी नीच राशि में हो, नवम भाव का स्वामी लग्न स्थान में हो, बुध व केतु पंचम स्थान में हो तो यह योग बनता है।

परिणाम — ऐसे जातक को कष्ट से संतान प्राप्ति होती है और प्राय: देखा गया है कि ऐसे जातक के संतान की उत्पत्ति शल्यचिकित्सा द्वारा होती है तथा आज की भाषा में इन्हें "सीजेरियन चाइल्ड" कहा जाता है।

संतान प्राप्ति का समय

(68) तीस वर्षांतर संतान प्राप्ति योग

पापर्क्षे पापयुते लग्ने सूर्य ऽबले युग्मर्क्षे कुजे
त्रिशंदवर्षो कुर्व संततिः ।

—जातकतत्वम् अ.5/160

निष्पत्ति — मेष, सिंह, वृश्चिक, मकर या कुंभ लग्न हो, लग्न में कोई भी पापग्रह हो, सूर्य निर्बल हो और मंगल यदि समराशि 2, 4, 6, 8, 10, 12 में स्थित हो तो यह योग बनता है ।

परिणाम — इस योग में जन्मे जातक को तीस वर्ष की आयु के उपरांत संतान की प्राप्ति होती है ।

(69) तीस वर्षांतर संतान प्राप्ति योग

पापो जीवो वा तुर्ये सुतेष्टमे चंद्र त्रिंशद् वर्षोद्दूर्ध्व संततिः ।

—जातकतत्वम् अ.5/159

निष्पत्ति — पापग्रह पंचम भाव में, गुरु चतुर्थ भाव में चंद्रमा अष्टम भाव में गया हो तो यह योग बनता है ।

परिणाम — इस योग में जन्मे जातक को तीस वर्ष की आयु के उपरांत संतान की प्राप्ति होती है ।

(70) बत्तीसवें वर्ष पुत्र प्राप्ति योग

पुत्रस्थानं गते जीवे तदीशे भृगुसंयुते ।
द्वात्रिंशें च त्रयस्त्रिंशे वत्सरे पुत्र संभवः ॥

—बृहत्पाराशर होराशास्त्र 16/18

निष्पत्ति — पंचम भाव में गुरु हो तथा पंचमेश शुक्र के साथ हो तो यह योग बनता है ।

परिणाम — इस योग में जन्म लेने वाले जातक को 32 या 33वें वर्ष की आयु में पुत्र संतान की प्राप्ति होती है । यह एक शुभ योग है तथा पुत्र

जन्म की अंदाजन आयु को बतलाता है। इसमें जातक के गोचर ग्रह व दशाओं को देखकर पुत्र जन्म के सही समय (तारीख) को निश्चित किया जा सकता है।

(71) छत्तीसवें वर्ष पुत्र प्राप्ति योग

सुतेशे केंद्र भावस्थे, कारकेण समंविते।
षद्त्रिंशे त्रिंशदब्दे च पुत्रोत्पत्ति विनिर्दिशेत्॥

—बृहत्पाराशर होराशास्त्र 16/19

निष्पत्ति — पंचमेश केंद्र स्थानों (1, 4, 7, 10) में हो तथा पुत्रभाव के कारक ग्रह गुरु से युत हो तो यह योग बनता है।

परिणाम — इस योग में जन्म लेने वाले जातक को तीस वर्ष की आयु के बाद एवं कई बार छत्तीस वर्ष की आयु के बाद पुत्ररत्न की प्राप्ति होती देखी गई है। यह एक शुभ योग है तथा पुत्र जन्म की अंदाजन आयु को बतलाता है। इसमें जातक के गोचर ग्रह व दशाओं को देखकर पुत्र जन्म के सही समय (तारीख) को निश्चित किया जा सकता है।

(72) चालीसवें वर्ष पुत्र प्राप्ति योग

लग्नाद् भाग्यगते जीवे, जीवाद् भाग्यगते मृगौ।
लग्नेशे भृगुयुक्ते वा चत्वारिशें सुतं वदेत्॥

—बृहत्पाराशर होराशास्त्र 16/20

निष्पत्ति — लग्न से नवमां गुरु और गुरु से नवमें स्थान पर शुक्र हो अथवा लग्नेश शुक्र से युक्त हो तो यह योग बनता है।

परिणाम — इस योग में जन्म लेने वोले जातक को चालीस वर्ष की आयु के बाद पुत्ररत्न की प्राप्ति होती है। जातक की जन्मकालीन दशाओं एवं गोचर-ग्रहों पर विचार करके पुत्र जन्म के सही समय (तारीख) को निश्चित किया जा सकता है।

(73) साठवें वर्ष पुत्र प्राप्ति योग

कर्क चंद्रे पापुयुत दृष्टे च मंद दृष्टे सूर्ये
षष्ठितमे अब्दे पुत्राप्तिः ॥

—जातकतत्वम् अ.5/161

निष्पत्ति — कर्क राशि में गया हुआ चंद्रमा पाप ग्रह से युत या दृष्ट होवे और सूर्य को शनि देखता हो तो यह योग बनता है ।

परिणाम — इस योग में जन्म लेने वाले जातक को जीवन के साठ वर्ष की आयु में पुत्ररत्न की प्राप्ति होती है ।

उपाय—

1. चंद्रयंत्र मोतीयुक्त गले में धारण करें ।
2. चंद्रमा को पुष्ट करने के सभी उपाय करें ।
3. अथर्ववेदीय संतान प्रकरण के सूत्रों को काम लें ।
4. पुत्रेष्टि यज्ञ विधि-विधान से करावे ।
5. सोमवार का व्रत रखें एवं शिवजी पर दुग्धमिश्रित जल प्रति सोमवार को चढ़ावें ।
6. श्रावण-भादों में रूद्राभिषेक का कार्य्रक्रम नियमित रखें ।
7. आयु में बड़े सभी लोगों का सम्मान करें ।
8. सफेद वस्तु, दूध, शक्कर, रजत वगैरा का अधिकतम दान करें ।

(74) वृद्धावस्था में पुत्र सुख योग

राहौ लाभे वार्द्धक्ये पुत्रसुखं । *—जातकतत्वम् अ.5/162*

निष्पत्ति — लाभ स्थान में राहु हो तो यह योग बनता है ।

परिणाम — ऐसे जातक को वृद्धावस्था में पुत्रसुख की प्राप्ति होती है ।

उपाय—

1. अथर्ववेदीय संतान प्रकरण का उपयोग लें ।
2. राहु ग्रह की शांति के अधिकतम उपाए करें ।
3. विधिपूर्वक कालसर्पयोग की शांति करावें ।
4. पत्नी-पति दोनों मिलकर मकान की चौखट में चांदी की कील लगावें । यदि मकान पैतृक (पुरखों) का हो तो यह टोटका

सटीक काम करेगा ।

5. घर में लोहे या स्टील के बर्तन कम-से-कम काम में लें ।
6. नीलम भूल कर भी न पहनें, आसमानी, काले कपड़ों का घर में प्रयोग न करें ।
7. राहु का यंत्र गोमेद जड़वाकर गले में धारण करे ।
8. नागपंचमी का व्रत रखें, सर्प को दूध पिलावें ।
9. धतूरा, आकडां व जंगली पुष्प शिवजी पर चढ़ावे ।
10. वृद्ध एवं काले रंग के व्यक्ति का भूलकर भी अपमान न करें ।
11. झूठी गवाही न दे, सत्यव्रत का कठोरता से पालन करें ।

(75) संतति नष्ट योग

निष्पत्ति — पंचमेश यदि उच्च का हो एवं तीसरे, चतुर्थ भाव में पापग्रह बैठे हों तो यह योग बनता है ।

परिणाम — इस योग में जन्मे जातक के संतति तो बहुत होती है पर अंत में केवल एक संतान ही बचती है बाकि सभी शनै: -शनै: काल कवलित होते चले जाते हैं ।

उपाय—

1. चतुर्थ भाव स्थित पापग्रहों की शांति का उपाए करें ।
2. पंचमेश का रत्नजड़ित यंत्र पहनें ।

(76) संतति नष्ट योग

निष्पत्ति — पंचमेश उच्च का, या स्वगृही हो तथा शनि से युत या दृष्ट हो तो यह योग बनता है ।

परिणाम — इस योग में जन्मे जातक के संतति तो बहुत होती है पर अंत में केवल एक संतान ही बची रहती है बाकि सभी शनै: शनै: काल कवलित होते चले जाते हैं ।

उपाय—

1. शनि ग्रह की शांति का उपाय करे ।
2. पंचमेश का रत्नजडित यंत्र पहने ।
3. प्रति शनिवार पीपल के नीचे दिया जलावें ।

4. काली वस्तु तिल, तैल का दान करे ।
5. कीड़िनगरा सींचै ।
6. स्टील की कटोरी, उडद से भरकर सात शनिवार तक नदी में छोड़ दें ।
7. शराब, मांस, मदिरा एवं धूम्रपान छोड़ें ।
8. किसी की मजदूरी का पैसा न रखे, शूद्र व अन्य व्यक्तियों की सेवा करें ।
9. कुष्ट रोगियों को भोजन दें ।
10. अपने भोजन का कुछ हिस्सा काले कुत्तों को खिलावें ।
11. रात्रि में दूध पीना छोड़ दें ।

(77) गर्भपात योग

मंदारी षष्ठे वा तुर्ये गर्भानुत्पादः ।

—जातकतत्वम् अ.5/130

निष्पत्ति — शनि व मंगल षष्ठ या चतुर्थ स्थन में स्थित हो तो यह योग बनता है ।

परिणाम — इस योग में जन्मे जातक के एक-दो संतति का गर्भपात जरूर होता है । अतः सावधानी रखनी चाहिये ।

उपाय— 1. शनि एवं मंगल ग्रह की शांति का उपाए करें ।
2. पंचमेश का रत्नजड़ित यंत्र गले में धारण करें ।
3. रक्षासूत्र स्त्री के गले में पहनावें ताकि गर्भपात न हो ।

(78) गर्भपात योग

लग्नेर्के अस्ते मंदे वा द्यूने अर्कऽर्कशनि खे जीवदृष्टे गर्भनुत्पादः ।

—जातकतत्वम् अ.5/133

निष्पत्ति — लग्न में सूर्य हो, सप्तम स्थान में शनि हो अथवा सप्तम स्थान में सूर्य व शनि साथ में हो और दसम स्थान पर बृहस्पति की दृष्टि हो तो यह योग बनता है ।

परिणाम — इस योग में जन्मे जातक की एक-दो संतति का गर्भपात जरूर होता है । बच्चा अधूरा रह जाता है अतः सावधानी रखनी

चाहिये ।

उपाय— 1. गायत्री की उपासना करे ।

2. सूर्यभगवान् को नियमित अर्घ्य दें ।

3. शनि ग्रह की शांति करावें ।

4. शनि के 23, 000 (तेईस हजार) मंत्रों का जाप, दशांश हवन खेजडी की समिधा व काले तिल से करवाकर, तर्पण, मार्जन एवं बाह्मण भोजन से ब्राह्मणों को संतुष्ट करें ।

5. स्त्री के गले में मंत्रपूत रक्षासूत्र पहनावें ।

(79) गर्भपात योग

सुते पापायुत दृष्टे गर्भच्युतिः ।

—जातकतत्वम् अ.5/135

निष्पत्ति — पंचम स्थान में राहु-शनि इत्यादि पापग्रह स्थित हो किंवा पापग्रहों की दृष्टि हो तो यह योग बनता है ।

परिणाम — इस योग में जन्मे जातक की एक-दो संतति का गर्भपात जरूर होता है । बच्चा अधूरा रह जाता है अत: सावधानी रखनी चाहिए ।

उपाय— 1. राहु-शनि ग्रहों की शांति का उपाय करें ।

2. राहु के 18, 000 (अठारह हजार) मंत्र एवं शनि के 23, 000 (तेईस हजार) मंत्रों का जप, दशांश हवन, मार्जन, तर्पण एवं ब्राह्मण भोजन करावें ।

3. स्त्री के गले में मंत्रपूत रक्षासूत्र पहनावें ताकि गर्भपात न हो ।

(80) गर्भपात योग

पुत्रस्थ नवांशो यावत्पापदृष्टः शुभादृष्टः तावद गर्भपातः ।

—जातकतत्वम् अ.5/134

निष्पत्ति — पंचम स्थान में जो नवांश हो, उस राशि को पापग्रह देखते हो तो यह योग बनता है ।

परिणाम — इस योग में जन्मे जातक की संतति का गर्भपात जरूर होता है। पंचम स्थान की नवांश राशि को जितने पापग्रह देखते हो उतने ही गर्भपात होते हैं। अत: सावधानी रखनी चाहिए।

उपाय—
1. पंचमेश ग्रह की शांति का उपाय करें।
2. 'गुरुमंत्र' धारण करें।
3. गुरुवार का विधिपूर्वक व्रत रखें।

(82) गर्भपात योग

सारीशो ऽर्कजः षष्ठे चंद्रे चास्ते गर्भानुत्पादः।

—जातकतत्वम् अ.5/131

निष्पत्ति — षष्ठेश के साथ शनि षष्ठ स्थान में ही हो और चंद्रमा सप्तम स्थान में हो तो यह योग बनता है।

परिणाम — इस योग में जन्मे जातक की एक-दो संतति का गर्भपात जरूर होता है। बच्चा अधूरा रह जाता है अत: सावधानी रखनी चाहिए।

उपाय—
1. षष्ठेश ग्रह की शांति का उपाय करें।
2. शनि ग्रह की शांति (हवनात्मक) करावें।
3. चंद्रमा को पुष्ट करें, सोमवार का व्रत रखें।
4. लघुरुद्र कराते रहें। शिवजी पर दुग्ध मिश्रित जल चढ़ावें।

(83) गर्भपात योग

छिद्रेश्वरे छिद्रगत बलान्विते पुष्पं न विंदव्यथा सुगर्भद।

—जातकतत्वम्

निष्पत्ति — अष्टमेश अष्टम में स्थित हो तो यह योग बनता है।

परिणाम — इस योग में जन्मे जातक का गर्भपात जरूर होता है। इनके बच्चा अधूरा रह जाता है। अत: सावधानी रखनी चाहिए।

उपाय—
1. अष्टमेश ग्रह की शांति के बहुविध उपाय करें।

2. रत्नजड़ित गुरुमंत्र धारण करें।
3. गुरुवार का विधिपूर्वक व्रत करें।

(84) शिशु हानि योग

लग्नेशे धनभावस्थे सुतेशों भौम संयतः।
जातं जातं शिशुं हन्ति दीर्घायुश्च स्वयं भवेत्॥

—बृहत्पाराशर होराशास्त्र 16/32

निष्पत्ति — लग्नेश द्वितीय भाव में हो और पंचमेश पापयुक्त हो तो यह योग बनता है।

परिणाम — इस योग में जन्म लेने वाले जातक के पुत्र संतान उत्पन्न होकर नष्ट हो जाती है। पर जातक स्वयं दीर्घायु वाला होता है। यह गर्भपात जैसा ही योग है। गर्भपात में अधूरा बच्चा मर जाता है। जबकि इसमें पूर्ण बच्चा (शिशु) उत्पन्न होने के बाद मरता है। ऐसे जातक को समय रहते विज्ञ ज्योतिषी से सलाह लेकर इस अनिष्ट की शांति का उपाए करा लेना चाहिए।

उपाय—
1. पंचमेश की शांति का उपाय करें।
2. लग्नेश की शांति का भी उपाय करें।
3. पंचमेश का रत्नजड़ित मंत्र धारण करें।
4. पंचम भाव पर जिन पापग्रहों के भाव हों, उनकी हवनात्मक शांति विधिपूर्वक करावें।

(85) पुत्र मृत्यु योग

सिंहऽर्क जारौ सुतगौ सुतेशे षष्ठे सुतसौख्य न।

—जातकतत्वम् अ. 5/111

निष्पत्ति — पंचम भाव में सिंह राशि हो वहां पर शनि मंगल बैठे हों, और पंचमेश छठे स्थान में चला गया हो तो यह योग बनता है।

परिणाम — इस योग में जन्म लेने वाले जातक के पुत्र तो जरूर होता है पर पुत्र-सुख पूरा नहीं होता। पुत्र उत्पन्न होकर कुछ काल बाद मृत्यु को प्राप्त हो जाता है। अतः समय रहते इस अनिष्ट का

उपाय किसी विज्ञ ज्योतिषी से से करा लेना चाहिए। ध्यान रहे कि यह योग केवल मेष लग्न पर ही घटित होगा।

उपाय— **1.** मंगल की शांति हेतु दस हजार वैदिक मंत्रों का जप एवं दशांश का हवन, मंगल का समिधा से करावें, एकादश ब्राह्मणों को भोजन द्वारा तृप्त कर आशीर्वाद लें।

2. गायत्री की नियमित उपासना (संध्या) करें एवं लाल रंग का पुष्प डालकर सूर्य भगवान को अर्घ्य दें।

3. शुद्ध सुवर्ण में माणिक्य जड़ित सूर्ययंत्र गले में धारण करें।

(86) पुत्र मृत्यु योग

भौमर्क्षे सुते राहौ भौम दृष्टे सुतसौख्य न। *—जातकतत्वम् अ.5/112*

निष्पत्ति — पंचम भाव में मंगल की राशि मेष या वृश्चिक हो, वहां पर राहु हो, राहु मंगल से दृष्ट हो तो यह योग बनता है।

परिणाम — इस योग में जन्म लेने वाले जातक के पुत्र तो जरूर होता है। पर पुत्र सुख पूरा नहीं होता। पुत्र उत्पन्न होकर कुछ काल बाद मृत्यु को प्राप्त हो जाता है। अत: समय रहते इस अनिष्ट का उपाय किसी विज्ञ ज्योतिषी से करा लेना चाहिए। ध्यान रहे कि यह योग केवल कर्क व धनु लग्न पर ही घटित होगा।

उपाय— **1.** राहु की शांति 18,000 (अठारह हजार) वैदिक मंत्रों के जाप, दशांश हवन राहु की समिधा से करावें, तर्पण, मार्जन एवं ब्राह्मण भोजन से राहु को शांत करें।

2. मंगलवार का व्रत करें।

3. मूंगे से युक्त 'मंगल यंत्र' गले में धारण करें।

4. सुविधा हो तो मंगल की भी हवनात्मक शांति करा दें।

(87) पुत्र मृत्यु योग

ज्ञे पंचमे लग्ने सुखेपापे पुत्र सुखे भूत्वा नश्यति।

—जातकतत्वम् अ.5

निष्पत्ति — पंचम स्थान में बुध गया हो और लग्न तथा चतुर्थ (सुख) स्थान

में पापग्रह हो तो यह योग बनता है ।

परिणाम — इस योग में जन्म लेने वाले जातक के पुत्र तो जरूर होता है पर पुत्र सुख पूरा नहीं होता । पुत्र उत्पन्न होकर कुछ काल बाद मृत्यु को प्राप्त हो जाता है । अत: समय रहते इस अनिष्ट का उपाय किसी विज्ञ ज्योतिषी से करा लेना चाहिए ।

उपाय— 1. लग्नस्थ या चतुर्थस्थ पापग्रहों की शांति करावें ।

2. बुध को बलवान करने हेतु 'पन्ना' जड़ित बुधयंत्र गले में धारण करें गणपति की उपासना करें ।

3. संतान गणपति स्तोत्र का नित्य पाठ करें ।

(88) पुत्र मृत्यु योग

कोणगाः पापाः क्षीणन्कंगे मंदर्क्षे ।
जीवे मूढ़े पुत्र सुखं भूत्वा नश्यति ।। —*जातकतत्वम्*

निष्पत्ति — नवम और पंचम भाव में पापग्रह हो, लग्न में क्षीण चंद्रमा शनि की राशि (मकर या कुंभ) में हो और गुरु अस्तगत हो तो यह योग बनता है ।

परिणाम — इस योग में जन्मे जातक के पुत्र उत्पन्न तो जरूर होता है पर पुत्र का सुख पूरा नहीं होता । पुत्र उत्पन्न होकर कुछ काल बाद मृत्यु को प्राप्त हो जाता है । अत: समय रहते इस अनिष्ट की शांति विज्ञ ज्योतिषी से करा लेनी चाहिए ।

उपाय— 1. पापग्रहों की हवनात्मक शांति करें ।

2. पंचमेश का रत्नजड़ित यंत्र धारण करें ।

3. बृहस्पति को पुष्ट करने हेतु वृद्धजनों की सेवा करे समय-समय पर अपने गुरु से आशीर्वाद लेते रहें ।

4. गुरुपूर्णिमा के दिन पुत्रेष्टि यज्ञ करें ।

(89) बत्तीसवें वर्ष पुत्र मृत्यु योग

पुत्र स्थानं गते राहौ, तदीशे पाप संयुते।
नीचराशि गतो जीवो, द्वात्रिंशे पुत्र मृत्युदः॥

—बृहत्पाराशर होराशास्त्र 16/21

निष्पत्ति — पंचम भाव में राहु हो, पंचमेश पाप-पीड़ित हो, या पापग्रहों के साथ हो तथा गुरु अपनी नीच राशि (मकर) में हो तो यह योग बनता है।

परिणाम — इस योग में जन्म लेने वाले जातक के पुत्र जरूर होता है पर ठीक 32वें वर्ष पुत्र का मरण हो जाता है। ऐसे जातक को समय रहते रक्षा कवच, महामृत्युंजय एवं अन्य उपायों से इस अनिष्ट की शांति विज्ञ विद्वान से करा लेनी चाहिए।

उपाय—
1. पंचमेश का रत्नजड़ित यंत्र धारण करें।
2. राहु ग्रह की शांति हेतु बहुविध उपाय करें।

(90) छत्तीसवें वर्ष पुत्र मृत्यु योग

जीवात् पंचमगे पापे, लग्नात् पंचमगे ऽपि च।
षट् त्रिंशे च त्रयस्त्रिंशे चत्वारिंशे सुतंक्षयः॥

—बृहत्पाराशर होराशास्त्र 16/22

निष्पत्ति — गुरु से पांचवें पापग्रह हो एवं लग्न से भी पांचवें पापग्रह हो तो यह घटित होता है। ऐसे जातक के पुत्र की मृत्यु होती है।

परिणाम — गुरु से और एक सर्वसाधारण सिद्धांत पर आधारित है। इस योग में जन्मे जातक के पुत्र की मृत्यु 33, 36, या 40वें वर्ष में होती है। एक प्रकार से यह योग पुत्र की मृत्यु की संभावित आयु की घोषणा करता है, निश्चित दिनाङ्क नहीं बताता। निश्चित दिनांक हेतु जन्म दशाओं का विवेचन एवं गोचर में ग्रह परिवर्तन की पूरी जानकारी अनिवार्य है। फिर भी इस प्रकार के अनिष्ट योगों की निवृत्ति समय रहते विज्ञ ज्योतिषी द्वारा करवा लेनी चाहिए।

उपाय—
1. गुरु को पुष्ट करने के सभी उपाय करें।
2. गुरु एवं पंचमेश का रत्न 'बीसा यंत्र' में धारण करें।
3. गुरु एवं पंचमेश गृह की शांति का हवनात्मक प्रयोग करें।

(91) पुत्र की विदेश मृत्यु योग

निष्पत्ति — यदि पंचम भाव का स्वामी सातवें हो, पंचमेश पापपीड़ित, नीचराशि में या शत्रुक्षेत्री हो तो यह योग बनता है ।

—सत्यजातकम् 3/7

परिणाम — ऐसे जातक के पुत्र संतति अवश्य होती है परंतु पुत्र संतान अधिकतर जीवित नहीं रह पाते । यह भी संभव है कि पुत्र की मृत्यु विदेश में होती है पर इतना तो निश्चित है कि पुत्र की मृत्यु घर व जन्मभूमि से बहुत दूर के प्रदेश में होती है ।

उपाय—
1. पंचमेश ग्रह की शांति हेतु हवनात्मक प्रयोग करें ।
2. पंचमेश का रत्नजड़ित 'यंत्र' धारण करें ।

(92) पुत्र शोक से वैराग्य प्राप्ति

विमुखो लोककार्येषु शरुयासौख्यमवाप्नुयात् ।
पुत्रेशे द्वादशस्थे ब्रह्मध्यानपरो भवेत् ॥
पुत्रस्यमरणात् दूरं दुःखितो भिक्षुको भवेत् ।
परित्यज्य सर्व एष परिवार सम्भविष्यति ॥
वैराग्यम्परम्प्राप्य मोक्षन्चान्ते यमाप्नुयात् ॥

—सत्यजातकम् 3/12

निष्पत्ति — यदि पंचमेश द्वादश स्थान में शुभग्रहों के साथ हो या दृष्ट हो तो यह योग बनता है ।

परिणाम — जातक को निद्रा अच्छी आएगी, उसका शयनकक्ष सुव्यवस्थित होगा । ऐसा जातक सांसारिक उपलब्धियों के प्रति अरूचि रखता हुआ ब्रह्म के ध्यान में, सत्य की खोज में, ईश्वर की प्राप्ति में ज्यादा रुचि रखेगा । ऐसे जातक के एक पुत्र की अकाल मृत्यु होगी, जिसकी वजह से जातक को वैराग्य उत्पन्न हो जाएगा और संसार के प्रति जातक की त्याग वृत्ति बढ़ जाएगी ।

उपाय—
1. पंचमेश एवं पंचमभावस्थ ग्रहों की शांति का बहुविध उपाय करें ।
2. नित्य संतान-गणपति स्तोत्र का पाठ करें ।

(93) प्रथम कन्या योग

निष्पत्ति — लग्नेश बलवान होकर पंचम, सप्तम, नवम या एकादश स्थान में हो तो यह योग बनता है ।

परिणाम — ऐसे जातक को प्रथम संतति के रूप में कन्या रत्न की प्राप्ति होती है ।

(94) प्रथम कन्या योग

पंचमे स्त्री ग्रहदृक्तुल्या कन्या।

— जातकतत्वम्

निष्पत्ति — पंचमेश यदि स्त्रीग्रह (शुक्र, चंद्र, बुध, शनि) हो और स्त्री राशि (वृष, कर्क, कन्या, वृश्चिक, मकर, मीन) में हो। स्त्रीराशि-स्त्रीराशि के नवामांश में हो तो यह योग बनता है ।

परिणाम — ऐसे जातक को प्रथम संतति के रूप में कन्या रत्न की प्राप्ति होती है ।

(95) प्रथम कन्या योग

निष्पत्ति— पंचमेश यदि शुक्र, चंद्र या राहु के द्वारा देखा जाता हो तो यह योग बनता है ।

परिणाम— ऐसे जातक को प्रथम संतति के रूप में कन्या रत्न की प्राप्ति होती है ।

(96) प्रथम कन्या योग

निष्पत्ति — पंचमेश यदि वृष, कर्क, कन्या या तुला राशि में हो तो यह योग बनता है ।

परिणाम — ऐसे जातक को प्रथम संतति के रूप में कन्या रत्न की प्राप्ति होती है ।

विशेष — यह योग बहुत सामान्य है ।

(97) प्रथम कन्या योग

निष्पत्ति — पंचम भाव में जल राशि (कर्क, वृश्चिक, मीन) हो तो यह योग बनता है।

परिणाम — ऐसे जातक को प्रथम संतति के रूप में कन्यारत्न की प्राप्ति होती है।

विशेष — यह योग बहुत सामान्य है।

(98) प्रथम कन्या योग

निष्पत्ति — यदि पंचमेश एवं सप्तमेश की युति हो तो यह योग बनता है।

परिणाम — ऐसे जातक को प्रथम संतति के रूप में कन्यारत्न की प्राप्ति होती है।

(99) प्रथम कन्या योग

निष्पत्ति — पंचमेश सातवें भाव में चला गया होता या सातवें भाव का स्वामी पंचम स्थान में चला गया हो तो यह योग बनता है।

परिणाम — ऐसे जातक को प्रथम संतति के रूप में कन्यारत्न की प्राप्ति होती है।

प्रथम कन्या योग

(100) लाभे

निष्पत्ति — **पंचमे चंद्राच्छौ प्रथम कन्या**

लाभ (एकादश) भाव में पापग्रह हो और पंचम भाव में चंद्र, शुक्र की युति हो तो यह योग बनता है।

परिणाम — ऐसे जातक को प्रथम संतति के रूप में कन्या रत्न की प्राप्ति होती है।

उदाहरण — श्री विष्णु पंचारिया

जन्मः— 24-4-1950; समयः— 11.43 (ए० म०);

जन्म स्थान :— सामराऊ (ओसियां)

(101) द्विकन्या योग

इन्दुग्न द्वौ कन्यका।

निष्पत्ति — पंचमेश चंद्र हो या पंचम भाव में चंद्रमा हो तो यह योग बनता है।

परिणाम — ऐसे जातक को संतति के रूप में दो कन्या रत्न की प्राप्ति होती है।

(102) दो कन्या योग

निष्पत्ति — पंचमेश शनि से युत हो, चौथे स्थान में राहु हो तो यह योग बनता है।

परिणाम — इस योग में जन्मे जातक के पुत्र नहीं होता। जातक के दो या तीन कन्याएं होती हैं। पर उपाय से पुत्र प्राप्ति होती है।

उपाय — राहु एवं शनि दोष की शांति एवं रत्न धारण से पुत्र होता है।

(103) दो कन्या एक पुत्र योग

निष्पत्ति— पंचम भाव में जल राशि (कर्क, वृश्चिक, मीन) हो, पंचमेश जलराशि (कर्क, वृश्चिक, मीन) में हो, परंतु यदि पंचमेश यदि पुरुष ग्रह हो, अथवा पुरुष ग्रह द्वारा देखा जाता हो तो यह योग बनता है।

परिणाम— ऐसे जातक के प्रथम कन्या, फिर कन्या और उसके बाद पुत्र होता है। इसका व्यतिक्रम हो जाए तोभी इतना निश्चित है कि जातक के दो कन्या और एक पुत्र होता है।

(104) त्रिकन्या योग

निष्पत्ति — पंचमेश बुध हो या पंचम भाव में बुध हो तो यह योग बनता है।

परिणाम — ऐसे जातक को संतति के रूप में तीन कन्याएं होती हैं।

उपाय — त्रिकन्या का पुस्तक में वर्णित टोटका करें।

(105) त्रिकन्या दो पुत्र योग

लग्नातृतीय भवने यदि चंद्रसुतो भवेत्।
द्वौ पुत्रौ कन्यकास्तिस्त्रो जायंते नात्र संशयः।

निष्पत्ति — लग्न से तीसरे घर में बली (उच्च या स्वगृही) बुध बैठा हो तो यह योग बनता है।

परिणाम — यदि शल्य चिकित्सा न हुई हो तो ऐसे जातक के तीन कन्या व दो पुत्र होते हैं। यह सर्वमान्य सिद्धांत पर आधारित प्रचलित योग है। इसमें पंचम भाव एवं पंचमेश की स्थिति बलाबल को देखकर ही सही निर्णय देना चाहिए। यह योग मेष एवं कर्क लग्न में ज्यादा मुखरित होता है।

(106) चार कन्या योग

निष्पत्ति — पंचम में पुरुष राशि हो परंतु पुरुष ग्रह पंचम भाव को न देखते हो तथा वहां बुध और चंद्रमा दोनों युति किए बैठे हों तो यह योग बनता है।

परिणाम — इस योग में जन्म लेने वाले जातक के चार कन्याएं होती हैं तथा एक-आध गर्भपात भी होता है।

(107) पांच कन्या योग

निष्पत्ति— लग्न से तृतीय घर में बली बुध बैठा हो एवं पंचम भाव में चंद्रमा बैठा हो तो यह योग बनता है।

परिणाम— इस योग में जन्म लेने वाले जातक के पांच कन्याएं होती हैं। इसमें तीन कन्या बुध देता है तथा दो कन्या चंद्रमा देता है।

(108) छः कन्या योग

भूगु षट् सुताः ।

अथवा

षट् पुत्र्यो भृगुनन्दने

— मानसागरी योगा-/8

निष्पत्ति — पंचम भाव का स्वामी यदि शुक्र हो और पंचम में बैठा हो तथा ग्रहों द्वारा देखा जाता हो तो यह योग बनता है ।

परिणाम — इस योग में जन्म लेने वाले जातक के छः कन्याएं होने की संभावना बनी रहती है । यदि ऑपरेशन या अन्य उपाए न किए गए हों तो जातक को छः कन्याएं होती हैं । यह योग मिथुन एवं मकर लग्न में ज्यादा पुष्ट होता है ।

उपाय — गर्भावस्था में चरण व्यूह का पाठ करें ।

(109) सप्त कन्या योग

सौरे सप्त सुताः ।

निष्पत्ति — पंचम भाव का स्वामी शनि हो या मकर राशि का शनि पंचमस्थ हो तो यह योग बनता है ।

परिणाम — इस योग में जन्म लेने वाले जातक के सात कन्या होने की संभावना रहती है । यदि ऑपरेशन, शल्य चिकित्सा या अन्य उपाए नहीं किए हुए हों तो ऐसे जातक के सात कन्याएं होती हैं । यह योग कन्या लग्न में ही ज्यादा पुष्टता प्रप्ति क़रता है ।

उपाय — गर्भकाल में 'चरण व्यूह' का पाठ करें ।

(110) अष्ट कन्या योग

निष्पत्ति — कन्या लग्न हो, पंचम भाव में शनि हो अथवा पंचम भाव शनि, चंद्र, बुध या शुक्र द्वारा देखा जाता हो तो यह योग बनता है ।

परिणाम — इस योग में जन्मे जातक के आठ कन्याएं होती हैं।

उपाय 1. अथर्ववेदीय संतान प्रकरण का प्रयोग करें।

2. गर्भकाल में 'चरण व्यूह' का पाठ करें।

उदाहरण — विश्वजीत

जन्म : 26-11-1928

समय : 04-00 स्थान : जोधपुर।

(111) अष्ट कन्या एक पुत्र योग

निष्पत्ति — कन्या लग्न हो, पंचम भाव में शनि हो अथवा पंचम भाव शनि, चंद्र, बुध या शुक्र द्वारा देखा जाता हो। इसके साथ ही पंचम भाव पर किसी पुरुषकारक ग्रह की पूर्ण दृष्टि हो तो यह योग बनता है।

परिणाम — इस योग में जन्म लेने वाले जातक के आठ कन्याएं होती हैं तथा इसके बाद धर्मानुष्ठान करने पर ही पुत्र संतान की प्राप्ति होती है। इस बीच ऑपरेशन करवा लिया होता यह योग समाप्त हो जाता है।

उपाय— 1. अर्थवेदीय संतान प्रकरण का प्रयोग लें।

2. गर्भकाल में 'चरण व्यूह' का पाठ करें।

(112) बहु कन्या योग

पुत्रे धुनेज्ञे समावस्तागे कन्याधिक्यं।

—जातकतत्वम् अ.5/186

निष्पत्ति — समराशि (2, 4, 6, 8, 10, 12) में गया हुआ बुध पांचवें या सातवें भाव में हो तो यह योग बनता है।

परिणाम — इस योग में जन्मे जातक को कन्या संतति की बाहुल्यता रहती है।

उपाय— 1. अर्थवेदीय संतान प्रकरण का प्रयोग लें।

2. गर्भकाल में 'चरण व्यूह' का पाठ करें।

(113) बहुकन्या योग

सुतभे समर्क्षवर्गलाभे ज्ञे शुक्रे चंद्रे वा कन्याप्रजः ।

—जातकतत्वम् अ.5/187

निष्पत्ति — पंचम भाव में समराशि (वृष, कर्क, कन्या, वृश्चिक, मकर, मीन) हों, लाभ स्थान में बुध, शुक्र या चंद्रमा हो तो यह योग बनता है ।

परिणाम — इस योग में जन्मे जातक को कन्या संतति की बाहुल्यता रहती है । मीन लग्न में यह योग ज्यादा मुखरित होता है । लाभस्थान में स्थित ग्रहों की सीधे पंचम भाव पर दृष्टि होगी ।

उपाय—
1. अर्थवेदीय संतान प्रकरण का प्रयोग लें ।
2. गर्भकाल में 'चरणव्यूह' का पाठ करें ।

(114) बहुकन्या योग

सुतेशेर्थेष्टमे बहुकन्या

—जातकतत्वम्

निष्पत्ति — पंचमेश द्वितीय भाव में हो या आठवें भाव में हो तो यह योग बनता है ।

परिणाम — इस योग में जन्मे जातक को कन्या संतति की बाहुल्यता रहती है ।

उपाय—
1. अर्थवेदीय संतान प्रकरण का प्रयोग लें ।
2. गर्भकाल में 'चरणव्यूह' का पाठ करें ।

(115) बहुकन्या योग

ज्ञेन्द्वच्छानामन्यतमे सुते कन्योत्पादः ।

—जातकतत्वम् अ.5/190

निष्पत्ति — बुध चंद्रमा व शुक्र इनमें से कोई भी ग्रह पंचम भाव में हो तो यह योग बनता है ।

परिणाम — इस योग में जन्मे जातक को कन्या संतति की बाहुल्यता रहती है। यदि चंद्रमा कर्क का हो, बुध कन्या एवं शुक्र तुला का हो तो यह योग अधिक बलवान हो जाता है। पंचम में एक से अधिक (स्त्रीकारक) ग्रह हों तो यह योग अधिक शक्तिशाली हो जाएगा।

उपाय—
1. अर्थवेदीय संतान प्रकरण का प्रयोग करें।
2. गर्भावस्था में 'चरणव्यूह' का पाठ करें।

(116) संतानहीन योग

निष्पत्ति — पंचमेश यदि लग्न में पाप-पीड़ित होकर अशुभ योग करके बैठा हो तो संतानहीन योग की सृष्टि होती है।

—*सत्यजातकम् 3/1*

परिणाम — ऐसे व्यक्ति स्वभाव से क्रूर व कठोर होते हैं। ऐसे जातक शूद्र देवताओं की पूजा में, तांत्रिक विधान में विश्वास रखते हैं। इनके संतान नहीं होती तथा इसका मुख्य कारण शूद्र देवताओं का दोष ही होता है। समय रहते इस अरिष्ट योग की शांति विद्वान ब्राह्मण से करा लेनी चाहिए क्योंकि इस योग की शांति संभव है।

उपाय—
1. पुत्रेष्टि यज्ञ करावें।
2. दुर्गासप्तशती के संतानमंत्रों के संपुटित शतचंडी का अनुष्ठान करावें।
3. पंचमेश एवं लग्नेश ग्रहों की शांति हेतु बहुविध प्रयत्न करें।

(117) संतानहीन योग

निष्पत्ति— यदि पंचमेश चतुर्थ भाव में, नीच का हो, शत्रु घर में या पाप-पीड़ित हो तो यह योग बनता है।

—*सत्यजातकम् 3/4*

परिणाम— ऐसे जातक के संतानहीन योग बनता है। इनको पुत्र या पुत्री दोनों ही प्रकार की संतान प्राप्ति में बाधा होती देखी गई है। समय रहते इस अरिष्ट योग की शांति ब्राह्मण से करा लेनी

चाहिए। क्योंकि इस योग की शांति संभव है।

उपाय— 1. पुत्रेष्टि यज्ञ करावें।

2. शतचंडी का अनुष्ठान करावें।

3. संतान प्राप्ति में बाधक ग्रहों की जप-तप-हवन व दान द्वारा शांति करावें।

(118) संतानहीन योग

निष्पत्ति — यदि पंचमेश छठे भाव में नीच का, शत्रुक्षेत्री या पाप-पीड़ित हो तो यह योग बनता है। *—सत्यजातकम् 3/6*

परिणाम — ऐसा जातक संतानहीन होता है। उसको राजदंड मिलने का भय भी बना रहता है। यदि पंचमेश वहां स्त्रीराशि में हो तो ऐसा जातक अपने ही कुटुम्ब (चाचा के परिवार) की संतान से शादी करता है। समय रहते इस अरिष्ट की शांति विद्वान ब्राह्मण से करा लेनी चाहिए। क्योंकि इस योग की शांति संभव है।

उपाय— 1. पंचमेश ग्रह की शांति पूर्ण विधि से करावें।

2. पुत्रेष्टि यज्ञ कारावें।

3. शतचंडी की अनुष्ठान करावें।

(119) सर्पशापत् सुतक्षय:

लग्नेशे राहुयुते पुत्रेशे भौमयुते
सर्पशापत: विपुत्र : *—जातकतत्वम् अ.5/89*

निष्पत्ति — पंचमेश व लग्नेश निर्बल हो, पंचमेश मंगल से युत हो एवं लग्नेश राहु से युत हो तो यह योग बनता है।

परिणाम — इस योग में जन्म लेने वाला जातक संतानहीन होता है। शास्त्र वचनों के अनुसार ऐसा व्यक्ति सर्प के शाप से पुत्रहीन होता है। शास्त्रकारों ने राहु को सर्प का स्वरूप ही माना है और यहां (पुत्र) से अर्थ संतान से लिया गया है। यह देखा और अनुभव किया गया है कि सर्पदोष निवृत्ति एवं हवन से ऐसे जातक के कुयोग नष्ट हो जाते हैं। हमारे कार्यालय से ऐसे अनेक अनुष्ठान व प्रयोग हुए हैं। जिनमें से हमें पूर्ण सफलता मिली है। आप

चाहें तो इस विषय में लेखक से सम्पर्क स्थापित कर सकते हैं।

उपाय— 1. कालसर्पयोग की शांति पूर्ण विधि से करावें।

2. नागपाश यंत्र पूजन कक्ष में स्थापित करें।

3. कालसर्प की अंगूठी पहनें।

(120) सर्पशापत् सुतक्षय:

सुते राहौ भौमदृष्टे सर्पशापाद् विपुत्रः ।

—जातकतत्वम् अ.5/82

निष्पत्ति — पंचम भाव में राहु स्थित हो और उसे मंगल देखता हो तो यह योग बनता है।

परिणाम — इस योग में जन्म लेने वाला जातक संतानहीन होता है। ऐसा व्यक्ति सर्प के शाप से पुत्रहीन होता है। शास्त्रकरों ने राहु को सर्प कहा है तथा पुत्र का अर्थ यहां संतान से है। सर्पदोष निवृत्ति एवं हवन दान-इत्यादि से ऐसे कुयोगों की निवृत्ति संभव है। अत: समय रहते इसका निदान किसी विज्ञ विद्वान से करा लेना चाहिए।

उपाय— 1. कालसर्पयोग की शांति करावें।

2. नागपाश यंत्र एवं मंगल यंत्र पूजन कक्ष में स्थापित करें।

3. कालसर्प की मंत्रपूत अंगूठी पहनें।

(121) सर्पशापत् सुतक्षय:

यमे सुते चंद दृष्टे सुतेशे राहुयुते सर्पशापाद् विपुत्रः ।

—जातकतत्वम् अ.5/83

निष्पत्ति — पंचम स्थान में शनि हो, पंचमेश राहु से युत हो तथा चंद्रमा उसे देखता हो तो यह योग बनता है।

परिणाम — इस योग में जन्म लेने वाला जातक संतानहीन होता है। ऐसे व्यक्ति सर्प के शाप से पुत्रहीन होते हैं। शास्त्रकारों ने राहु को सर्प कहा है तथा पुत्र का अर्थ यहां संतान से है। सर्पदोष निवृत्ति एवं हवन, दान-इत्यादि से ऐसे कुयोगों की निवृत्ति संभव है।

अतः समय रहते इसका निदान किसी विज्ञ विद्वान से करा लेना चाहिए।

उपाय— 1. भृगुसूत्र के अनुसार **"नाग प्रतिष्ठया पुत्र प्राप्ति"** इस योग में जन्मे जातक द्वारा नाग की प्रतिष्ठा करने पर पुत्र प्राप्ति हो जाती है।

2. कालसर्प योग की विधि करावें।
3. नागपाशयंत्र पूजन कक्ष में स्थापित करें।
4. कालसर्प की मंत्रपूत अंगूठी पहनें।

(122) सर्पशापत् सुतक्षयः

सुतेशे भौम, सुते राहौ सौम्यादृष्टे सर्पशापद् विपुत्रः।

—जातकतत्वम् अ.5/87

निष्पत्ति — पंचमेश मंगल हो, पंचम भाव में राहु हो, पंचम भाव शुभ ग्रहों से दृष्ट न हो तो यह योग बनता है।

परिणाम — इस योग में जन्म लेने वाला जातक संतानहीन होता है। इस व्यक्ति सर्प के शाप से पुत्रहीन होता है। शास्त्रकारों ने राहु को सर्प कहा है तथा पुत्र का अर्थ वहां संतान से है। सर्पदोष निवृत्ति एवं हवन-दान-इत्यादि से ऐसे कुयोगों की निवृत्ति संभव हैं। अतः समय रहते इसका निदान किसी विज्ञ विद्वान द्वारा करा लेना चाहिए। ध्यान रहे यह योग केवल कर्क एवं धनु लग्न में ही होगा।

उपाय— 1. कालसर्पयोग की विधि करावें।

2. नागपाशयंत्र पूजन कक्ष में स्थापित करें।
3. कालसर्प योग की अंगूठी धारण करें।

(123) सर्पशापत् सुतक्षयः

स्वांशे भौमे, पुत्रेशे ज्ञे पापयुते सर्पशापाद् विपुत्रः।

—जातकतत्वम् अ.5/86

निष्पत्ति — पंचमेश मंगल हो या मंगल अपने ही नवमांश में हो, पंचम भाव

से युत या दृष्ट हो, पंचम में राहु आदि पाप ग्रह हो तो यह योग बनता है।

परिणाम — इस योग में जन्म लेने वाला जातक संतानहीन होता है। ऐसा व्यक्ति सर्प के शाप से पुत्रहीन होता है। शास्त्रकारों ने राहु को सर्प कहा है तथा पुत्र का अर्थ यहां संतान से है। सर्पदोष निवृत्ति सम्भव है। अत: समय रहते इसका निदान किसी विज्ञ विद्वान से करा लेना चाहिए। ध्यान रहे यह योग केवल कर्क एवं धनु लग्न में ही होगा।

उदाहरण — श्रीमती इन्द्रा विश्नोई
सुपुत्री पूर्व राज्य मंत्री श्री रामसिंह विश्नोई
जन्म—26-1-1965; समय—9-15; स्थान—जोधपुर

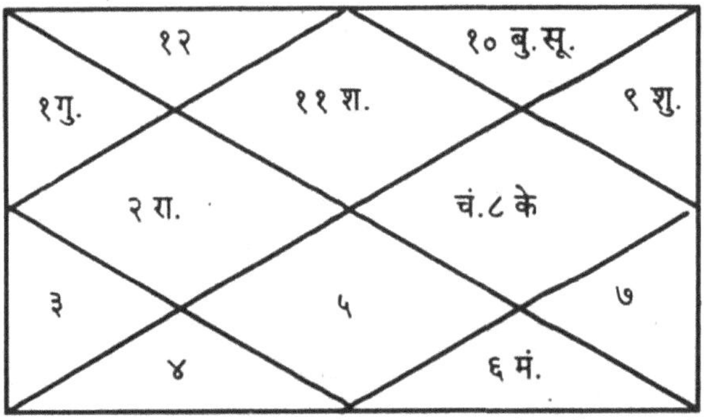

प्रस्तुत कुंडली में सारे ग्रह राहु व केतु के बीच में कैद हैं। पंचमेश बुध बारहवें स्थान में है। लग्नेश एवं गुरु दोनों ही पापग्रस्त हैं। विवाह के 12 वर्ष बाद भी जातक के कोई संतान नहीं हुई।

हमने सन् 1992 में कालसर्प विधि कराई और 1993 में जातक को तेजस्वी पुत्ररत्न की प्राप्ति हुई यह प्रत्यक्ष चमत्कार का अनुपम उदाहरण है।

उपाय—
1. कालसर्पयोग की विधि करावें।
2. नागपाशयंत्र एवं मंगलयंत्र की पूजन कक्ष में स्थापना करें।
3. कालसर्प योग की अंगूठी धारण करें।

(124) सर्पशापत् सुतक्षयः

सुतकारकयुतौ राहुवंगेशयुते पुत्रेशे त्रिके
सर्पशापाद् विपुत्रः ।

—जातकतत्वम् अ.5/85

निष्पत्ति — पंचम का कारक (गुरु) मंगल से युक्त हो , लग्नेश राहु से युत हो या लग्न में राहु हो, तथा पंचमेश त्रिक स्थानों (6, 8, 12) में हो तो यह योग बनता है ।

परिणाम — इस योग में जन्म लेने वाला जातक संतानहीन होता है । ऐसा व्यक्ति सर्प के शाप से पुत्रहीन होता है । शास्त्रकरों ने राहु को सर्प कहा है तथा पुत्र का अर्थ यहां संतान से है । सर्पदोष निवृत्ति एवं हवन-दान इत्यादि से ऐस कुयोगों से बचा जा सकता है । अतः समय रहते इसका निदान किसी विद्वान ब्राह्मण से करा लेना चाहिए ।

उपाय—
1. कालसर्पयोग की विधि करावें ।
2. नागपाशयंत्र एवं मंगलयंत्र को पूजन कक्ष में स्थापित करें ।
3. कालसर्पयोग की अंगूठी धारण करें ।

विशेष — कालसर्पयोग की पांच हजार कुंडलियां हमारे कार्यालय में विधिवत् रिकार्डेड हैं। इस पर हमारी पुस्तक 'कालसर्पयोग शांति एवं घट विवाह पर शोधकार्य' अवश्य पढ़ें । क्योंकि अकेला यह योग 288 प्रकार का होता है जिसके प्रभाव भिन्न-भिन्न होते हैं ।

(125) पितृशापत् सुतक्षयः

पुत्रपेऽर्के क्रारान्तरे त्रिकोणे, पापदृष्टे पितृशापाद् विपुत्रः ।

—जातकतत्वम् अ.5/90

निष्पत्ति — सूर्य पंचम भाव में अपनी नीच राशि का हो तथा मकर या कुंभ में नवमांश में होकर पाप-पीड़ित हो तो यह योग बनता है ।

परिणाम — सूर्य पंचम में नीच राशि का केवल मिथुन लग्न में ही हो सकता

है। सूर्य मकर या कुंभ के नवमांश में हो यह मेष, सिंह एवं धनु लग्न में संभव नहीं। ऐसे योग में जन्म लेने वाला जातक संतानहीन होता है। ऐसा व्यक्ति पिता के श्राप से पुत्रहीन होता है। पिता का श्राद्ध, हवन-दान इत्यादि से इस कुयोग से बचा जा सकता है।

उपाय— 1. पितृ दोष की शांति के विविध उपाय करें।
2. पितृयज्ञ करावें।
3. पितृश्वरों का श्राद्ध, त्रिपंडी करें।
4. कुटुंब के वृद्धपुरुषों की सेवा करें।

(126) पितृशापात् सुतक्षयः

सूर्ये रन्ध्रे सुते मंदे पुत्रेशे राहुयुते पितृशापाद् विपुत्रः।

—जातकतत्वम् अ.5/93

निष्पत्ति — सूर्य अष्टम स्थान में हो, पंचम स्थान में शनि हो, पंचमेश राहु से युत हो तो यह योग बनता है।

परिणाम — इस योग में जन्म लेने वाला जातक पुत्रहीन होता है। ऐसा व्यक्ति पितृश्वरों के दोष से, पिता के श्राप से पुत्रहीन होता है। पिता का श्राद्ध, हवन-दान इत्यादि द्वारा इस कुयोग से बचा जा सकता है। अतः किसी विज्ञ कर्मकांडी पंडित से इसका निदान करा लेना चाहिए।

उपाय— 1. पितृदोष की शांति के विविध उपाय करें।
2. पितृयज्ञ संकल्प पूर्वक करावें।
3. पितृश्वरों का श्राद्ध त्रिपंडी करें।
4. कुटुंब में वृद्ध पुरुषों की सेवा करें।

(127) पितृशापात् सुतक्षयः

व्ययपेऽअंगे रन्ध्रपे पुत्रे खपे रन्ध्रे पितृशापाद् विपुत्रः

—जातकतत्वम् अ.5/93

निष्पत्ति — द्वादश स्थान का स्वामी लग्न में हो, अष्टमेश पंचम भाव में हो एवं दशमेश अष्टम स्थान में हो यह योग बनता है।

परिणाम — इस योग में जन्म लेने वाला व्यक्ति संतानहीन होता है। ऐसा व्यक्ति पितृश्वरों के दोष से, पिता के श्राप से पुत्रहीन होता है पिता का श्राद्ध, हवन-दान इत्यादि द्वारा इस कुयोग से बचा जा सकता है। अत: समय रहते किसी विद्वान ब्राह्मण से इसका निदान करा लेना चाहिए।

उपाय—
1. पितृ दोष की शांति के विविध उपाय करें।
2. पितृयज्ञ करें।
3. तीर्थस्थल पर जाकर पितृश्वरों का श्राद्ध-त्रिपंडी करें।
4. कुटुंब के वृद्ध पुरुषों की सेवा करें।

(128) मातृशापाद् सुतक्षय:

अल्यंगे मंदे तुर्ये पापा: पुत्रे चंद्रे मातृशापाद् विपुत्र: ।

—जातकत्त्वम् अ.5/96

निष्पत्ति — वृश्चिक लग्न हो, लग्न में शनि हो, चतुर्थ स्थान में पापग्रह विद्यमान हो एवं पंचम में चंद्रमा हो तो यह योग बनता है।

परिणाम — इस योग में जन्म लेने वाले जातक को पुत्र संतान नहीं होती। ऐसा व्यक्ति माता के दोष से मातृशाप के कारण संतानहीन होता है। इस कुयोग का निवारण मातृश्राद्ध, हवन, जप आदि से किया जा सकता है। अत: समय रहते योग्य विद्वान से इस कुयोग की शांति करा लेनी चाहिए।

उपाय—
1. मातृ दोष शांति के उपाय करें।
2. मातृयज्ञ करें।
3. तीर्थस्थल पर जाकर माता का श्राद्ध-त्रिपंडी करें।
4. कुटुंब में वृद्ध स्त्रियों की सेवा करें।

(129) मातृशापाद् सुतक्षय:

सुखैशे भौमे राह्वर्कजयुते लग्ने पुष्पवन्तौ मातृशापाद् विपुत्र: ।

—जातकतत्वम् अ.5/99

निष्पत्ति — चतुर्थ भाव का स्वामी होकर मंगल, राहु व शनि से युत हो, लग्न में सूर्य, चंद्रमा हो तो यह योग बनता है।

परिणाम — इस योग में जन्म लेने वाले जातक को पुत्र संतान नहीं होती। ऐसा व्यक्ति माता के दोष से, मातृशाप के कारण संतानहीन होता है। इस कुयोग का निवारण मातृश्राद्ध, हवन, जप-दानादि से किया जा सकता है। अत: समय रहते योग्य विद्वान से इस कुयोग की शांति करा लेनी चाहिए।

उपाय—
1. मातृ-दोष की शांति के उपाय करें।
2. मातृयज्ञ करें।
3. तीर्थस्थान पर जाकर माता का श्राद्ध त्रिपंडी करें।
4. कुटुंब में वृद्ध स्त्रियों की सेवा कर आशीर्वाद लें।

(130) मातृशापाद् सुतक्षय:

निष्पत्ति — यदि अष्टमेश पंचम में हो, और पंचमेश अष्टम में हो तथा चंद्रमा चतुर्थेश की युति करके छठे भाव में चला गया हो तो यह योग बनता है।

परिणाम — इस योग में जन्म लेने वाले जातक को पुत्र संतान नहीं होती। ऐसा व्यक्ति माता के दोष से, मातृशाप के कारण संतानहीन होता है। इस कुयोग का निवारण मातृश्राद्ध, हवन, जपादि से किया जा सकता है। अत: समय रहते योग्य विद्वान से इस कुयोग की शांति करा लेनी चाहिए।

उपाय—
1. मातृदोष की शांति के उपाय करें।
2. मातृयज्ञ करें।
3. तीर्थस्थान पर जाकर माता का श्राद्ध त्रिपंडी करें।
4. कुटुंब में वृद्ध स्त्रियों की सेवा कर आशीर्वाद लें।

(131) मातृशापाद् सुतक्षय:

सुखेशऽष्टमे पुत्रांगेशौ षष्ठे खारीशौ लग्ने,
मातृशापाद् विपुत्र:।

—जातकतत्वम् अ.5/100

निष्पत्ति — चतुर्थेश अष्टम में हो, लग्नेश व पंचमेश छठे हो, दशमेश व षष्ठेश लग्न में हो तो यह योग बनता है।

परिणाम — इस योग में जन्म लेने वाले जातक को पुत्र संतान नहीं होता। ऐसा व्यक्ति माता के दोष से, मातृशाप के कारण संतानहीन होता है। इस कुयोग का निवारण मातृश्राद्ध, हवन-जप इत्यादि से किया जा सकता है। अत: समय रहते योग्य विद्वान से इस कुयोग की शांति करा लेनी चाहिए।

उपाय—
1. मातृदोष की शांति के उपाय करें।
2. मातृयज्ञ करें।
3. तीर्थस्थान पर जाकर माता का श्राद्ध त्रिपंडी करें।
4. कुटुंब में वृद्ध स्त्रियों की सेवा कर आशीर्वाद लें।

(132) भ्रातृशापाद् सुतक्षय:

निष्पत्ति — लग्नेश व पंचमेश अष्टम में हो, तृतीयेश मंगल या राहु से युत होकर पंचम में बैठा हो तो यह योग बनता है।

परिणाम — ऐसा जातक संतान सुख से हीन होता है। भाई के श्राप के कारण इनके पुत्र नहीं होता यह शास्त्र वचन है। ऐसे कुयोग की निवृत्ति किसी विज्ञ ज्योतिषी से समय रहते करा देनी चाहिये।

उपाय—
1. भातृदोष की शांति का उपाय करें।
2. तीर्थस्थान पर जाकर भाई का श्राद्ध, त्रिपंडी करें। कुटुंबीजनों को भोजन दें।
3. कुटुंब में अपने से बड़े व्यक्तियों का भ्रातृ-तुल्य सम्मान करें।

(133) प्रेत शापात् सुतक्षय:

निष्पत्ति — लग्न में राहु एवं बृहस्पति बारहवें स्थान में हो, सूर्य शनि के साथ पंचम भाव में हो तथा निर्बल चंद्रमा सातवें भाव में हो तो यह योग बनता है।

परिणाम — इस योग में जन्मे जातक के पुत्र संतान नहीं होती। इसका कारण किसी प्रेत या बुरी आत्मा का श्राप होता है। यह एक कुयोग है इसका निराकरण शतचंडी के हवनात्मक प्रयोग द्वारा किया जाता है। यह कुयोग जातक की व्यक्तिगत उन्नति को भी

रोकता है अतः समय रहते इस कुयोग की शांति करा लेनी चाहिए।

उपाय— 1. प्रेत मुक्ति के उपाय करें।
2. प्रेत को बलिअन्न व बाकला दें। उसकी मांग पूरी करें।
3. घर में चंडी पाठ करावें। ग्रहशांति का यज्ञ करें।
4. घर में अखंड ज्योति रखें, पूर्ण पवित्रता का वातावरण बनाएं।

(134) कुल देवता के शाप से संतानहीनता

मंदर्क्षे सूर्ये पापदृष्टे वा पापवर्गे अंगे
कुलदेव दोषाद्-विपुत्रः।

— जातकतत्वम् अ.5/129

निष्पत्ति — शनि की राशि (मकर, कुंभ) में सूर्य हो तथा सूर्य पापग्रह से युत या दृष्ट होकर लग्न में हो तो यह योग बनता है।

परिणाम — यह योग केवल मकर एवं कुंभ लग्न में बनता है। इस योग में जन्म लेने वाले जातक के पुत्र संतति नहीं होती। पुत्र संतति नहीं होने के कारण कुलदेवता का दोष व श्राप होता है। कुलदेवता की मनौती एवं विधि-विधान से पूजन करके इस दोष से मुक्ति पाई जा सकती है।

उपाय— 1. कुल देवता का पूर्ण विधि-विधान से पूजन करें, नारियल चढ़ावें, प्रसादी करें।
2. कुलदेवता का सुवर्ण-फूल धारण करें।
3. संतान प्राप्ति हेतु संकल्प के साथ कुल देवता की मनौती हेतु अछूत रुपए रखें।

(135) वंशविच्छेद योग

लग्नान्त्य सुताष्टमगः पापैर्वंशविच्छेदः ।

— जातकतत्वम् अ.5/149

निष्पत्ति — लग्न, पंचम, अष्टम व द्वादश स्थानों में पापग्रह हो तो यह योग बनता है ।

परिणाम — इस योग में जन्म लेने वाले मनुष्य का वंश विच्छेद हो जाता है । यह सबसे खराब योग है अर्थात् इस योग में जन्म लेने वाले जातक की आगे पीढ़ियां नहीं चलतीं । जातक की मृत्यु के साथ ही उसके स्वयं का नाम व वंश समाप्त हो जाता है ।

उपाय—

1. ग्रह शांति का हवन करें
2. पुत्रेष्टि यज्ञ करें, पंचमेश का रत्न पहनें ।
3. नित्य संतान गोपाल का पाठ करें ।
4. किसी का भी हृदय न दुखावें । स्वयं को परोपकार की सेवा में लगावें ।

(136) वंश विच्छेद योग

भौमे अंग्रे रन्ध्रे सुतेऽर्के वंशविच्छेदः ।

— जातकतत्वम् अ.5/156

निष्पत्ति — लग्न में मंगल हो, अष्टम में शनि और पंचम भाव में सूर्य स्थित हो तो यह योग बनता है ।

परिणाम — इस योग में जन्म लेने वाले मनुष्य का वंशविच्छेद हो जाता है । यह सबसे खराब योग है अर्थात् इस योग में जन्म लेने वाले व्यक्ति की आगे पीढ़ियां नहीं चलतीं । जातक की मृत्यु के साथ, उसके स्वयं का नाम एवं वंश का नाम समाप्त हो जाता है ।

उपाय—

1. मंगल, शनि और सूर्य ग्रहों की शांति जप-तप, हवन, तर्पण, मार्जन, दान एवं भोजन से करें ।
2. इसके बाद संकल्पपूर्वक पुत्रेष्टि यज्ञ करें ।
3. नित्य संतान गोपाल का पाठ घर में करावें ।

4. पंचमेश का रत्न पहनें।
5. किसी का भी हृदय न दुखावें। स्वयं को परोपकार की सेवा में लगावें।

(137) वंश विच्छेद योग

शुक्रे स्मरे खे चंद्रे सुखे पापा वंशविच्छेदः।

— जातकतत्वम् अ.5/155

निष्पत्ति — सप्तम स्थान में शुक्र हो, दशम स्थान में चंद्रमा और चतुर्थ स्थान में पापग्रह हो तो यह योग बनता है।

परिणाम — इस योग में जन्म लेने वाले मनुष्य का वंश विच्छेद हो जाता है। यह सबसे खराब योग है अर्थात् इस योग में जन्म लेने वाले व्यक्ति की आगे पीढ़ियां नहीं चलतीं जातक की मृत्यु के साथ, उसके स्वयं का नाम एवं वंश का नाम समाप्त हो जाता है।

उपाय—
1. सभी ग्रह की शांति करें।
2. पुत्रेष्टि यज्ञ करे।
3. पंचमेश का रत्न धारण करें।
4. संतानगोपाल स्तोत्र का नित्य पाठ करें।
5. स्वयं को परोपकार में लगावें, किसी का दिल न दुखावें।

(138) वंश विच्छेद योग

चंद्रादष्टमे पापा वंशविच्छेदः।
सुखे वंशविच्छेदः।

— जातकतत्वम् अ.5/151

निष्पत्ति — चंद्रमा से अष्टम स्थान में पाप ग्रह हो तथा चतुर्थ भाव भी पापग्रह से भरा हो तो यह योग बनता है।

परिणाम — इस योग में जन्म लेने वाले मनुष्य का वंशविच्छेद हो जाता है। यह सबसे खराब योग है अर्थात् इस योग में जन्म लेने वाले व्यक्ति की आगे की पीढ़ियां नहीं चलतीं। जातक की मृत्यु के

साथ, उसके स्वयं का नाम व वंश का नाम समाप्त हो जाता है ।

उपाय— 1. चंद्रमा की शांति विशेष रूप से करावें ।
2. पुत्रेष्टि यज्ञ करे ।
3. पंचमेश का रत्न यंत्र में धारण करें ।
4. संतान गोपाल स्त्रोत का नित्य पाठ करें ।
5. स्वयं को परोपकार में लगावें । किसी का दिल न दुखावें ।

(139) ब्राह्मण दोषात् पुत्र हानि

निष्पत्ति— मंगल दूसरे, पांचवें या दसवें भाव में हो या शनि तीसरे या आठवें स्थान में हो, तृतीयेश स्वगृही हो, एवं पंचम घर में वृद्ध चंद्रमा हो तो यह योग बनता है ।

परिणाम— इस योग में जन्मे जातक के पुत्र संतति जीवित नहीं रहती । जीवित नहीं रहने का कारण ब्राह्मण का दोष या श्राप होता है ।

उपाय— 1. ऐसा जातक किसी ब्राह्मण कन्या को गोद लेकर उसका विधिवत् विवाह करावे

या

2. किसी ब्राह्मण बालक के यज्ञोपवीत संस्कार का खर्च वहन करें । दोनों ही स्थितियों में ब्राह्मणों को भोजन खिलाकर, दक्षिणा से तृप्त करें तो संतान होवे ।

(140) इलाख्य सर्प योग

निष्पत्ति — तीन केंद्रों में पापग्रह हो तो यह योग बनता है ।

—ज्योतिषश्याम संग्रह अ.2/78

परिणाम — इस योग में जन्मे जातक को पुत्र सुख नहीं होता । ज्योतिष श्याम संग्रह नामक ग्रंथ में इस योग का वर्णन मिलता है ।

उपाय— 1. सर्पदोष शांत करने से इस योग की निवृत्ति होकर पुत्र सुख मिलता है । नौ बीजाक्षरों से 'ह्रीं ह्रौं' तीन सौ जपें । कपड़ा बारह हाथ बछड़ा सहित गाए का दान करें एवं उन्नीस मासा सोना दान करें । चावल का सर्प बनाकर जप करें । इस दान के

प्रभाव से यह दोष दूर होता है ।

2. अथवा कालसर्प योग की विधि करावें ।

उदाहरण— डॉ. श्रीमती दमयंति ठाकुर

जन्म 5-12-1952 इष्ट 45/56 ; स्थान- मारवाड़ जंक्शन

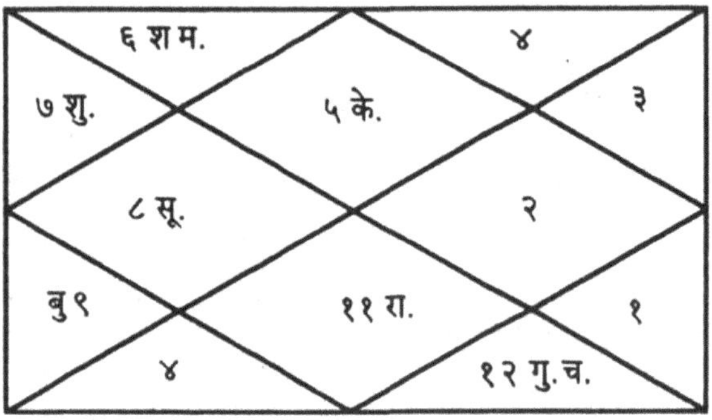

प्रस्तुत कुंडली में 'इलाख्य नामक' सर्पयोग है । पंचमेश गुरु आठवें हैं । पति-पत्नी दोनों विदेश में डॉक्टर हैं । पति डॉ. नरपत सिंह उज्जवल का जन्म 12-5-1944 का है । सभी प्रकार के आधुनिकतम इलाज कराने पर भी अभी तक पुत्र संतति नहीं हुई । मैंने इन्हें कालसर्पयोग निवृत्ति का परामर्श दिया है ।

(141) मृतवत्सा योग

सूते सूर्ये मृतापत्यः ।
पापाः पंचमे जातं जातं म्रियते ।
मृतप्रजा छिद्रगतौ सितेज्यौ गर्भप्रवा भूमिसूतेष्टमस्थे ।

—बृहद्योगरत्नाकर/पृ.281

निष्पत्ति — सूर्य पंचम भाव में शुभ ग्रह से दृष्ट न हो, अथवा अष्टम स्थान में शुक्र और बृहस्पति हो या आठवें मंगल हो, एवं पंचम भाव में तीन-चार पापग्रह हो तो यह योग बनता है ।

परिणाम — इस योग में संतान जन्मते जायेंगे एवं मरते जायेंगे । पुत्र या पुत्री जातक को कभी हाथ न लगेगा ।

उपाय— 1. ऐसा जातक हरिवंश पुराण श्रवण कर महारूद्र का यज्ञ करावे "वरुण मंत्र" से आहुतियां देकर आचार्य को सुवर्णादि दक्षिणा देकर तृप्त करें। ब्राह्मण भोजन करें तो इस योग की निवृत्ति होकर जातक को संतान की प्राप्ति होती है।

2. मृतवत्सा तंत्र करें।

(142) अनपत्य योग

सुतारिरि: फग: पाप: संतानधिपति र्यदि।
पुत्रा यावो भवेत्तस्य, यदि जीवो न पश्यति॥

—बृहद् योगरत्नाकर/पृ.265

निष्पत्ति — संतानाधिपति पापग्रह (सूर्य, मंगल या शनि) हो, तथा वह (पंचमेश) पंचम, षष्ठ या द्वादश भाव में हो, पंचम भाव पर शुभ ग्रहों की दृष्टि न हो तो यह योग बनता है।

परिणाम — अनपत्य योग में जन्मे जातक को निर्बीज पृथ्वी की तरह पुत्र उत्पन्न ही नहीं होता। यह एक कुयोग है जिसकी निवृत्ति अनिवार्य है।

उपाय — ऐसा जातक सवत्सा गाय का दान करे। प्रत्यक्ष आय न हो तो सुवर्ण, रजत में बछड़े सहित गाय निर्मित करके 'सोमा धेनु अर्नंत:' मंत्र से हवन करे। चांद्रायण व्रत करे। तब इस योग की निवृत्ति होकर, जातक को संतान की प्राप्ति होती है।

(143) अनपत्यता योग

निष्पत्ति — यदि लग्नेश, बृहस्पति, पंचमेश और सप्तमेश चारों बलहीन हों तो यह योग बनता है।

परिणाम — अनपत्य योग में जन्मे जातक को निर्बीज पृथ्वी की तरह पुत्र उत्पन्न नहीं होता। यह एक कुयोग है, जिसकी निवृत्ति अनिवार्य है।

उपाय — ऐसा जातक सवत्सा गाय का दान करे। प्रत्यक्ष गाय न हो तो सुवर्ण रजत धातु में बछड़े सहित गाए का निर्माण करे।' सोमा

धेनु अनंत, मंत्र से हवन करे। चांद्रायण व्रत करे। तब इस योग की निवृत्ति होकर, जातक को संतान की प्राप्ति होती है।

(144) वंधयत्व दोष

गुरु लग्न हिमांशुनां पंचमस्थैर शोभवैः।
शुभदृग्योग रहितैर्वक्तव्यां त्वनपत्यता ॥

निष्पत्ति — लग्न से, चंद्रमा से एवं गुरु से पांचवें स्थान में पापग्रह हो एवं शुभग्रह से युत या दृष्ट न हो तो यह योग बनता है।

परिणाम — वन्ध्यत्व योग भी अनपत्य दोष एवं मृतवत्सा योग की श्रेणी में आता है। निर्बीज भूमि की तरह ऐसे जातक के पुत्र उत्पन्न ही नहीं होता। यदि उत्पन्न हो तो तत्काल मर जाता है। जातक को संतान हाथ नहीं लगती। ऐसे कुयोग की निवृत्ति अनिवार्य है।

उपाय — काक वंध्या, अनपत्य एवं मृतवत्सा इन तीनों दोषों में जातक को हरिवंश पुराण का श्रवण करना चाहिए। बछड़े युक्त गाय का दान करना चाहिए और अंत में ब्राह्मण भोजन कराना चाहिए। कर्म विपाक संग्रह में इन प्रयोगों पर विस्तार से प्रकाश डाला गया है।

(145) यमल योग

निष्पत्ति — पंचम भाव में मंगल बुध की युति से यह योग बनता है।

परिणाम — इस योग में जन्म लेने वाले जातक के जुड़वां बच्चे होते हैं। पुत्र या पुत्री की कोई शर्त नहीं पर दो बच्चे साथ में पैदा होते हैं।

(146) यमल योग

निष्पत्ति— पंचमेश एवं तृतीयेश की युति हो, लग्नेश की पंचम भाव पर पूर्ण दृष्टि हो तो यह योग बनता है।

परिणाम— इस योग में जन्मे जातक के जुड़वां बच्चा होता है। पुत्र या पुत्री की कोई शर्त नहीं पर दो बच्चे एक साथ पैदा होंगे।

विशेष— यह योग मेष लग्न में स्पष्टत: घटित होता है जहां पंचम भाव में बुध, सूर्य एक साथ बैठे हों और द्वितीय भाव में बैठा मंगल उन्हें देखता हो। ऐसे में यह योग पूर्णत: पुटित होता है।

(147) अनगर्भा योग *(स्त्रियों की कुंडली में)*

निष्पत्ति— सूर्य लग्न में और शनि सातवें हो अथवा सूर्य शनि युति करावें सातवें बैठे हो तथा बृहस्पति दसम भाव को देख रहा हो तो यह योग बनता है।

परिणाम— इस योग में जन्म लेने वाली स्त्री गर्भधारण के योग्य नहीं होती। पति-पत्नी के संतान न होती हो और स्त्री की कुंडली में यह दोष दिखलाई दे तो स्त्री का योग्य डॉक्टर से उपचार करवाना चाहिए।

उपाय—

1. औषध से सफलता न मिले तो सूर्य व शनि ग्रह का पूर्ण विधि से यज्ञ कराकर उन्हें शांत करें।
2. अर्थवेदींय संतान प्रकरण का प्रयोग करें।
3. 'नंदगोप गृहे जाता' मंत्र के संपुट से शतचंडी प्रयोग करावें।
4. छोटे-बच्चों से निश्छल प्रेम करें, उन्हें अपना स्नेह व दुलार दें।

(148) अनगर्भा योग *(स्त्रियों की कुंडली में)*

निष्पत्ति — शनि एवं मंगल छठे भाव में या चौथे स्थान में हो तो यह योग बनता है।

परिणाम — इस योग में जन्म लेने वाली स्त्री गर्भधारण के योग्य नहीं होती। पति-पत्नी के संतान न होती हो और स्त्री कुंडली में यह दोष दिखलाई दे तो स्त्री का योग्य डॉक्टर से उपचार करवाना चाहिए।

उपाय—

1. औषध में सफलता न मिले तो शनि व मंगल का पूर्ण विधि से हवन करवाकर उन्हें शांत करें।
2. अथर्ववेदीय संतान प्रकरण का प्रयोग करें।

3. 'नंदगोपगृहे जाता' मंत्र के संपुट से शतचंडी का प्रयोग करावें।
4. छोटे बच्चों से निश्छल प्रेम करें, उन्हें अपना स्नेह व दुलार दें।

(149) अनगर्भा योग *(स्त्रियों की कुंडली में)*

निष्पत्ति — शनि षष्ठेश के साथ हो अथवा शनि छठे स्थान में हो और चंद्रमा सातवें भाव में हो तो यह योग बनता है।

परिणाम — इस योग में जन्म लेने वाली स्त्री गर्भधारण के योग्य नहीं पाती पति-पत्नी के संतान न होती हो और स्त्री की कुंडली में यह दोष दिखलाई दे तो स्त्री का योग्य डॉक्टर से उपचार करवाना चाहिए।

उपाय—
1. औषध में सफलता न मिले तो शनि, चंद्र की हवनात्मक शांति पूर्ण विधि से करावें।
2. अथर्ववेदीय संतान प्रकरण को प्रयोग में लें।
3. 'नंदगोपगृहे जाता' के मंत्र से शतचंडी का प्रयोग करावें
4. छोटे-बच्चों से निश्छल प्रेम करें। उन्हें अपना स्नेह-दुलार बांटें।

(150) केवल कन्या योग

निष्पत्ति — पंचमेश मिथुन या कन्या राशि में हो, पंचमेश बुध द्वारा दृष्ट हो या बुध स्वयं पंचम भाव में हो, कोई पुरुष ग्रह की पंचम भाव व पंचमेश पर दृष्टि न हो तो यह योग बनता है।

परिणाम — इस योग में जन्म लेने वाले जातक के यहां केवल कन्या ही कन्या उत्पन्न होती है, पुत्र नहीं होता।

उपाय—
1. पुत्रेष्टि यज्ञ करावें।
2. अथर्ववेदीय संतान प्रकरण को काम लें।
3. गर्भावस्था में चरण व्यूह का पाठ करें।
4. गुरु यंत्र पुखराज युक्त धारण करें।
5. गुरुवार का व्रत कथापूर्वक रखें।

(151) केवल कन्या योग

निष्पत्ति— पंचमेश, आर्द्रा, हस्त, मृगशिरा या पुनवर्सु नक्षत्र में हो तो यह योग बनता है ।

परिणाम— इस योग में जन्म लेने वाले जातक के यहां केवल कन्या ही कन्या उत्पन्न होती है, पुत्र नहीं होता ।

उपाय—
1. अथर्ववेदीय संतान प्रकरण का प्रयोग करें ।
2. गर्भावस्था में चरण व्यूह का श्रवण करें ।
3. शतचंडी का सम्पुटीत अनुष्ठान करें ।
4. रत्नजड़ित गुरु यंत्र धारण करें ।
5. गुरुवार की कथा करें एवं व्रत रखें ।

(152) केवल बटुक योग

निष्पत्ति — लग्न व पंचम भाव में पुरुष राशि हो, पंचम भाव व पंचमेश पर स्त्री ग्रहों का प्रभाव न हो, और पंचम भाव पर गुरु, मंगल या कुंभ के शनि का प्रभाव हो तो यह योग बनता है ।

परिणाम — इस योग में जन्म लेने वाले जातक के यहां केवल बटुक (पुत्रों) का ही जन्म होता है, उसके कन्या नहीं होती ।

(153) कुलवर्धन योग

निष्पत्ति — सभी शुभ ग्रह सूर्य चंद्र के साथ पंचम भाव में हों तो यह योग बनता है ।

परिणाम — ऐसे जातक का कुल सब प्रकार से पुष्टि एवं वर्धन को प्राप्त करता है । ऐसा व्यक्ति दीर्घजीवी, संकन एवं धनी होता है तथा चारों ओर से सफलता ही सफलता प्राप्त करता है ।

विवेचन — सूर्य चंद्र संयुक्त होकर अधिक संतान को देने वाले कहे गए हैं । पंचम भाव में इनके साथ अन्य शुभ ग्रह हो तो जातक के संतानोत्पत्ति शक्ति बढ़ जाती है । अपनी जीवित अवस्था में वह पुत्र-पौत्र एवं पड़पोतों को गोदी में खिलाता है । ऐसा जातक सम्पन्न एवं दीर्घजीवी होता है ।

विशेष— यह बहुत शुभयोग है जिसकी कुंडली में ऐसी स्थिति हो, ऐसी कन्या को कुलवधू के रूप में फौरन स्वीकार करना चाहिए ।

विद्या-बुद्धि-शिक्षा योग

(1) विद्या योग

बलि सुतेशे केंद्रकोणे विद्वान्। *—जातकतत्वम् अ.5/59*

निष्पत्ति — पंचमेश उच्च का, स्वगृही, मित्र क्षेत्री होकर केन्द्र(1, 4. 7, 10) या त्रिकोण (5, 9) में हो तो यह योग बनता है।

परिणाम — ऐसा जातक विद्यावान, गुणी और विद्वान होता है।

(2) विद्या योग

निष्पत्ति — पंचम भाव में मेष, मिथुन, सिंह, तुला एवं कुंभ राशि हो तो यह योग बनता है।

परिणाम — यह योग धनु, कुंभ, मेष, मिथुन एवं तुला लग्न में प्राभावी होता है। ये सभी विषम राशियां हैं। लग्न एवं पंचम भाव में ये राशियां विद्या देने वाली मानी गई हैं। केवल सिंह लग्न जिसके पंचम भाव में धनुराशि आती है इसका अपवाद माना गया है। पंचम भाव में धनु राशि अपूर्ण विद्या की सूचक है।

(3) पूर्ण विद्या योग

निष्पत्ति — पंचम भाव में सूर्य स्वगृही हो तो यह योग बनता है।

परिणाम — यह योग केवल मेष लग्न में ही घटित होगा। ऐसा जातक जिस भी क्षेत्र में अध्ययन करेगा। विद्या को पूरी प्राप्त करके ही दम लेगा। ऐसे जातक को ऐज्युकेशनल डिग्री मिलती है। सूर्य ज्ञान एवं विद्या का प्रकाशक ग्रह है। पंचम भाव पर इसका सुप्रभाव जातक को विद्या, धन एवं पुत्ररत्न तीनों देता है।

(4) विद्या बाधा योग

निष्पत्ति — पंचम भाव में वृष, कन्या, मकर राशि हो अथवा पंचमस्थ शनि धनुराशि में हो तो यह योग बनता है।

परिणाम — यह योग मकर, वृष कन्या एवं सिंह लग्न में घटित होता हे। यदि अन्य कोई शुभयोग न हो तो ऐसे जातक के विद्याध्ययन में बाधा अवश्य आती है तथा पढ़ाई बीच में छूट जाने की संभावना अधिक रहती है।

(5) विद्या भंग योग

निष्पत्ति — पंचमेश यदि छठे, आठवें या बारहवें स्थान में हो अथवा पंचमेश पापग्रहों के साथ में हो तो यह योग बनता है।

परिणाम — इस योग में जन्म लेने वाले जातक के विद्या अध्ययन में बाधा व रुकावट अवश्य आती है। ऐसा जातक एक-दो बार फेल होता है। यदि पंचम भाव या पंचमेश शुभ ग्रहों से दुष्ट हो तो रुकावट के बाद पुन: अध्ययन होता है अन्यथा विद्या अधूरी ही छूट जाती है। फलस्वरूप जातक को 'एज्यूकेशनल' डिग्री नहीं मिल पाती।

उपाय—

1. पंचमेश का रत्न, यंत्र सहित धारण करें।
2. धारणा सरस्वती स्तोत्र का पाठ करें।
3. स्फटिक माला पहनें।
4. सरस्वती यंत्र पूजा में रखें।

(6) विद्या द्वारा धन अर्जित योग

निष्पत्ति — यदि पंचमेश एवं धनेश में परस्पर राशि परिवर्तन हुआ हो तो यह योग बनता है ।

परिणाम — ऐसा जातक कुशाग्र बुद्धिवाला होता है तथा अपने बद्धिबल, वाक्चातुर्य एवं विद्या द्वारा खूब धन कमाता है । ऐसा जातक युग के अनुसार आधुनिकतम पढ़ाई, कंप्यूटर शिक्षा वगैरा में भी अग्रणी होता है ।

(7) बुद्धिमान योग

गुरौ केंद्रकोणे बुद्धिमान् । —*जातकतत्वम् अ.5/4*

निष्पत्ति — बृहस्पति यदि केंद्र (1, 4, 7, 10) और त्रिकोण (5, 9) में हो तो यह योग बनता है ।

परिणाम — इस योग में जन्मा जातक बुद्धिमान होता है । बृहस्पति देवताओं का गुरु एवं विद्या का अधिष्ठातादेव हैं । यह जातक को धर्म-अधर्म, पाप-पुण्य और नीर-क्षीर विवेक की न्याय बुद्धि देता है । बृहस्पति इन स्थानों में उच्च का, स्वगृही या मित्रक्षेत्री होकर हर्षित हो तो इस योग की गुणवत्ता और अधिक बढ़ जाती है फलस्वरूप ऐसे लोगों की बुद्धि का लोहा जाति, समाज, पंचायत एवं न्याय में विशिष्ट महत्त्व रखता है ।

(8) बुद्धिमान योग

निष्पत्ति — पंचम भाव का स्वामी शुभ ग्रह हो और दूसरे शुभग्रह के द्वारा देखा जाता हो अथवा पंचमेश शुभ राशियों के साथ हो तो यह योग बनता है ।

परिणाम — पंचमेश शुभ राशियों का अधिपति केवल वृष, मिथुन, सिंह, वृश्चिक, मकर, कुंभ एवं मीन लग्न में ही हो जाता है । तो शंका यह खड़ी होती है क्या अन्य लग्न में बुद्धिमान व्यक्तियों का जन्म नहीं हो सकता ? व्यवहारिक धरातल पर हम देखते हैं कि अवशेष अन्य लग्न में भी मेधावी जातक उत्पन्न हुए हैं, होते हैं ।

अत: यह योग इस प्रकार स्पष्ट होगा वृष, मिथुन, सिंह, वृश्चिक, मकर, कुंभ या मीन लग्न हो एवं पंचम भाव में गुरु, शुक्र या बुध हो। दूसरे शब्दों में 2, 3, 4, 6, 7, 9, 12 राशियों में पंचमेश होकर बुध, गुरु या शुक्र में कोई भी ग्रह बैठा हो तथा उसका अन्य शुभ ग्रह देखते हो तो यह योग पूर्ण रूप से प्रभावी होगा। ऐसा जातक पूर्ण बुद्धिमान, सद्‌गुणी एवं विवेकी होगा, इसमें कोई संदेह नहीं।

(9) तीव्र बुद्धि योग

निष्पत्ति — पंचमेश शुभ ग्रह हो, और पंचमेश का नवमांश पति भी शुभ ग्रहों से युत का दृष्ट हो तो यह योग बनता है।

परिणाम — इस योग में जन्मा व्यक्ति तेज बुद्धि वाला, गुणी एवं बुद्धिमान होता है।

(10) बुद्धि चातुर्य योग

शुभभे सुतेशे सुते जीवे बुद्धिमान्।

—जातकतत्वम् अ.5/6

निष्पत्ति — बुध पंचम स्थान में हो और पंचमेश बलवान हो अथवा केंद्र (1, 4, 7, 10) में स्थित हो शुभ ग्रहों से दृष्ट हो तो यह योग बनता है।

परिणाम — बुध बुद्धि एवं चतुरता का कारक ग्रह माना गया है। पंचम भाव में पुत्र संतान का कारक बृहस्पति माना गया है परंतु पंचम भाव से विद्या, बुद्धि व शिक्षा का कारक ग्रह बुध माना गया है। बुध यदि पंचम भाव में हो, पंचमेश युत हो या शुभ ग्रहों से दृष्ट हो तो इस योग की सार्थकता बढ़ती है। ऐसा जातक बुद्धि एवं चतुरता में लाजवाब होता है। यदि ऐसे जातक की रुचि अध्ययन में प्रवृत हो जाए तो ये अच्छे अंकों से उच्च शैक्षणिक डिग्री प्राप्त करते हैं।

(11) प्रत्युत्पन्न मति योग

ज्ञेंद्वाराणांमुपरि बलिग्रहदृष्टौ क्षिप्रोत्वरदानशीलः ।

—जातकतत्वम् अ.5/14

निष्पत्ति — कोई भी लग्न हो, बुध, चंद्रमा व मंगल इन तीनों ग्रह के ऊपर गुरु या शुक्र की दृष्टि हो तो यह योग बनता है ।

परिणाम — इस योग में जन्म लेने वाला प्रत्युत्पन्न बुद्धि से संपन्न हाजिर ज़वाब देने वाला होता है । इनके बुद्धि की तीव्रता विलक्षण होती है । कोई कैसा भी क्लिष्ट प्रश्न या समस्या इनके सामने रखेगा ये तुरंत एक क्षण भी नष्ट किए बिना उस समस्या का समाधान करने में सक्षम होते हैं ।

विशेष — अनुभव में यह आया कि बुध, चंद्रमा व मंगल ये तीनों ग्रह यदि द्वितीय, पंचम, तृतीय या नवम भाव में स्थित हों तो इस योग की गुणवत्ता और भी अधिक बढ़ जाती है । इस योग का संबंध शास्त्रीय विद्वत्ता से न होकर प्रत्युत्पन्न बुद्धि से ही है । महाकवि कालीदास एवं अकबर में मंत्रीं बीरबल इसी प्रकार की प्रत्युत्पन्न मति के ज़्वलंत उदाहरण हैं ।

(12) चंचल बुद्धि योग

लग्नकोणे चंद्रार्को चंचल थीः ।
सौम्येऽर्थे बले पादृष्टे चलचित्त ॥

—जातकतत्वम् अ.5/11-13

निष्पत्ति — सूर्य और चंद्रमा लग्न त्रिकोण (1, 5, 9) कहीं भी स्थित हो अथवा बुध द्वितीय स्थान में निर्बल हो तो यह योग बनता है ।

परिणाम — इस योग में जन्मा व्यक्ति चंचल बुद्धि, अस्थिर मनः स्थिति वाला होता है । ऐसे जातक की विचारधारा अस्थिर होती है तथा इनमें दृढ़ निश्चय की कमी रहती है । परिपक्वता की कमी के कारण इनकी विश्वसनियता संदिग्ध हो जाती है ।

उपाय—
1. बुध का रत्नजडित यंत्र धारण करे ।
2. धारणा सरस्वती स्तोत्र का नित्य पाठ करे ।

(13) विस्मित बुद्धि योग

त्रिके चन्द्रे शुक्रदृष्टे विस्मयशील: ।
सपापे सुतपे विस्मयशील: ।

—जातकतत्वम् अ.5/17-19

निष्पत्ति — यदि चंद्रमा लग्न त्रिकोण (6, 8, 12) में हो और उसे शुक्र देखता हो अथवा पंचमेश पापग्रह से युत और चंद्रमा निर्बल हो तो यह योग बनता है ।

परिणाम — इस योग में जन्म लेने वाला व्यक्ति विस्मयकारी बुद्धिवाला होता है अर्थात् अन्य लोगों से हटकर इनकी बुद्धि होती है । इनके सोचने का तरीका, चिंतन एवं विचार शैली दूसरों से अलग होती है ।

विशेष — संस्कृत साहित्य में 'विस्मय' का अर्थ घमंड माना गया है । कहा भी है—**'तप: क्षरति विस्मयात्'** अर्थात् घमंड से तपस्या क्षीण हो जाती है । इस संदर्भ में यह कहा जा सकता है ऐसे व्यक्तियों का चिंतन गर्वशील होता है । इस योग में जन्मे व्यक्ति दूसरों के दोष दर्शन में अधिक रुचि लेते हैं । इनको सर्वत्र संदेह करने की आदत होती है जिसके कारण ये शक्की व अक्खड़ मिजाज के व्यक्ति माने जाते हैं ।

(14) मंद बुद्धि योग

लग्ने चंद्रे मंदार दृष्टे हीनधी: ।
मंदारार्काश्चन्द्र पश्यन्ति मौर्ख्यकरा: ॥

—जातकतत्वम् अ5/26-28

निष्पत्ति — लग्न में चंद्रमा हो तथा उसे शनि, मंगल देखते हों अथवा चंद्रमा कहीं भी बैठा हो और शनि, मंगल व सूर्य दृष्ट हो तो यह योग बनता है ।

परिणाम — इस योग में जन्म लेने वाले जातक की बुद्धि मंद (क्षीण) होती है । अन्य लोगों के अनुपात में ये हीन बुद्धि वाले जातक होते हैं । अनुभव में यह भी देखा गयां है कि ऐसे जातक हीन भावना (इंफीरियर काम्पलेक्स) से ग्रसित होते हैं । इनका समय रहते

उपाय करा लेना चाहिए।

उपाय— 1. ऐसे जातक को चांदी में चंद्रमा अंदर (अणबिंदा) मोती डालकर गले में पहनना चाहिए। इस चंद्रमा को पुष्य नक्षत्र में बनावें एवं किसी विद्वान् ब्राह्मण से इसे प्राण-प्रतिष्ठित करावें। इस पर दूध की धारा से (रुद्राभिषेक) करावें। फिर इसके पहनने से बुद्धि खुलती है एवं चित्त की शांति रहती है।

2. नील सरस्वती स्तोत्र का नित्य पाठ करे।

(15) स्मरण शक्ति नाश योग

सुते जीवे मेधांनाशः। *—जातकतत्वम् अ.5/29*

परिणाम — इस योग में जन्म लेने वाले जातक की स्मरण शक्ति कमजोर होती है। आयु अनुपात के अनुसार धीरे-धीरे इनकी धारणा शक्ति का नाश होता चला जाता है।

उपाय— 1. ऐसे जातक को पुखराज व मोती को संयुक्त रूप में, समान अनुपात में, चांदी के चंद्रमा में जड़वा कर गले में धारग करना चाहिए। यह विशिष्ट चंद्रमा गुरुपुष्य के घटिपल में बनकर अभिषिक्त होना चाहिए। तभी इसका लाभ हो पाएगा।

2. नील सरस्वती स्तोत्र का पाठ करें
3. धारणा सरस्वती स्तोत्र नित्य पढें
4. स्फटिक माला धारण करें।
5. सरस्वती पूर्ण एवं स्मरण शक्तिवर्द्धक औषधियां लें।

(16) जड़ बुद्धि (मूर्ख) योग

केंद्रगा मन्देन्दुगुलिका जडः।
धने गुलिकार्को पापदृष्टौ वा सर्कजे सोत्थपे जडः॥

—जातकतत्वम् अ5/20-21

निष्पत्ति — चंद्रमा शनि और गुलिक ये तीनों केंद्र 1, 4, 7, 10 में हों अथवा धनस्थान में गुलिक और सूर्य पाप ग्रह द्वारा देखे जाते हों अथवा शनि व तृतीयेश दोनों एक साथ हों, तो यह योग बनता है।

परिणाम — इस योग में जन्मा व्यक्ति जड़ बुद्धि वाला (मूर्ख) होता है। ऐसे

लोगों को साधु-सज्जनों एवं विद्वानों का सत्संग पसंद नहीं होता।

उपाय—
1. नील सरस्वती स्तोत्र नित्य पढें।
2. एक मुखी रुद्राक्ष पहनें ।
3. अभिमंत्रित स्फटिक धारण करें।
4. सरस्वती-यंत्र की पूजन कक्ष में प्रतिष्ठा करें।
5. सारस्वत व्रत करें।

(17) जड़ बुद्धि (मूर्ख) योग

सुतेमंदे लग्नेशे मंद दृष्टें सुतेशे जडः ।

—जातकतत्वम् अ.5/24

निष्पत्ति — पंचम भाव में शनि लग्नेश होकर स्थित हो और पंचमेश को देखता हो तथा पंचमेश या लग्नेश पापग्रहों से युत दृष्ट हो तो यह योग बनता है।

परिणाम — इस योग में जन्म लेने वाला जातक जड़ बुद्धि वाला (मूर्ख) होता है। ऐसे लोगों को साधु-सज्जनों एवं विद्वानों का सत्सर्ग पसंद नहीं होता। यह योग केवल मकर एवं कुंभ लग्न में ही घटित होगा।

उपाय—
1. सारस्वत व्रत करें ।
2. सिद्ध सरस्वती स्तोत्र का नित्य पाठ करें।

(18) मूर्ख योग

निष्पत्ति— **बुद्धिभावगताः क्रूशः शत्रुग्रहसमाश्रिताः ।**
नीचराश्गिताश्चैव मूर्खो वै मनुजोभवेत् ॥

—होरारत्न

परिणाम — पंचमस्थान में क्रू रग्रह, शत्रुग्रह से युत हो और नीच राशिगत हो तो व्यक्ति मूर्ख होता है। अपनी बात पर अड़ियल ट्टटू की तरह अड़ा रहता है। दूसरों की सुनता नहीं। पढ़ाई कम चढ़ती है।

उपाय—
1. सारस्वत व्रत करें।

2. सिद्ध सरस्वती स्त्रोत का पाठ करें ।
3. स्फटिक पहनें ।

(19) महामूर्ख योग

निष्पत्ति— बुद्धिस्वामी विनष्टोवै रविराहुशनैश्चरैः ।
दृष्टो युक्तो विशेषेण महामूर्खो भवेन्नरः ॥

—होरारत्न

परिणाम — पंचम स्थान का स्वामी बलहीन हो, सूर्य + राहु + शनैश्चर से युत या दृष्ट हो तो व्यक्ति महामूर्ख होता है ।

उपाय—
1. एक मुखी रुद्राक्ष धारण करें ।
2. सिद्ध सरस्वती स्तोत्र का पाठ करें ।
3. स्फटिक माला पर नित्य सरस्वती मंत्र का जाप करें ।
4. पंचमेश का रत्नजड़ित यंत्र धारण करें ।

(20) सभामध्ये मूकत्व योग

सपापे धनेशे खे सभाजडः ।
तुर्येशे अंगेऽस्ते पण्डितोऽपि सभामूकः ॥ *—जातकतत्वम् अ5/22*

निष्पत्ति — द्वितीयेश पापग्रहों से युत होकर दशम स्थान में स्थित हो अथवा चतुर्थेश लग्न में अस्तंगत हो तो यह योग बनता है ।

परिणाम — ऐसा व्यक्ति विद्वान् होकर भी सभा में नहीं बोल पाता तथा सभा के समक्ष अपना पांडित्य प्रदर्शन नहीं कर पाता । ऐसा व्यक्ति जनसमुदाय व सभा में गूंगे की तरह बैठता है । लोगों के सामने उसकी बुद्धि जड़ हो जाती है । वह घबराहट के कारण कुछ भी बोल नहीं पाता । ऐसे जातक शास्त्रार्थ के योग्य नहीं माने जाते ।

विशेष — यह एक ऐसा दुर्योग है जिसके कारण विद्यावान् व गुणी व्यक्ति की समय पर विद्या काम नहीं आती । इस योग की निवृत्ति हेतु मनुष्य को सूर्य व सरस्वती की उपासना योग्य गुरु के निर्देशन में करनी चाहिए ।

(21) सरस्वती योग

निष्पत्ति — गुरु, शुक्र और बुध यदि केंद्र—त्रिकोण (1, 2, 4, 5, 7, 9, 10) में साथ-साथ या अलग-अलग हो और गुरु बलवान (उच्च, मूलत्रिकोण, स्वगृही या मित्रगृही) हो तो यह योग बनता है ।

परिणाम — सरस्वती योग में जन्में जातक पर विद्या की अधिष्ठातृ देवी सरस्वती की पूर्ण कृपा रहती है । ऐसा जातक धन एवं विद्या से युत प्रसिद्ध कवि, लेखक, वक्ता, पत्रकार एवं संपादक होता है । ऐसा जातक सुंदर पत्नी व पुत्र से युक्त वैज्ञानिक बुद्धि संपन्न व्यक्ति होता है । विद्या के क्षेत्र में इन्हें समाज व सरकार द्वारा सम्मन एवं पुरुस्कार भी मिलते देखे गए हैं ।

(22) शारदा योग

स्त्री पुत्र बन्धु सुखरूप गुणानुरक्ता:,
भूप प्रिया गुरुमहीसुर देवभक्तो: ।
विद्या विनोदरतिशील तपोबदलाढ्या:,
जाता: स्वधर्मनिरता भुविंशारदाख्ये ।।

निष्पत्ति — दशमभाव का स्वामी पंचम भाव में हो, बुध केंद्र में हो, बलवान सूर्य सिंह राशि में हो तो यह योग बनता है ।

परिणाम — इस योग में जन्म लेनेवाले जातक मां शारदा के वरदपुत्र होते हैं । बुध केंद्र में बुद्धि की वृद्धि करता है और सूर्य ज्ञान का प्रकाश होने के कारण बुद्धि को उज्जवल प्रकाश से प्रकाशित करना है । दशम घर व्यापार का है । दशमेश पंचम में आने से बुद्धि व्यापार में, व्यवहार में व्यवहृत होती है । ऐसे जातक का ज्ञान जन-उपयोगी हो जाता है और उसे राजा से, समाज से, सरकार से सम्मान भी मिलता है ।

इस योग में जन्म लेने वाले जातक को स्त्री-पुत्र एवं बंधुओं से सुख मिलता है । ऐसे व्यक्ति नीर-क्षीर, विवेकी, न्यायप्रिय एवं धर्मप्राण होते हैं ।

(23) सरस्वती योग *(परिवर्तन से)*

निष्पत्ति — गुरु चंद्रमा के घर में कर्क का हो तथा चंद्रमा गुरु के घर (धनु, मीन) का हो एवं चंद्रमा गुरु से दृष्ट हो तो यह योग बनता है।

परिणाम — गुरु ज्ञान का अधिष्ठाता होकर उच्च का हो एवं चंद्रमा सौम्य प्रकाश का स्वामी होकर गुरु से संबंध जोड़े तो ज्ञान स्वत: ही प्रकाशित हो उठता है। ऐसे जातक पर मां सरस्वती की पूर्ण कृपा ही रहती है। ऐसा जातक उच्च कोटि का लेखक, पत्रकार, कवि, संपादक व कलाकार होता है।

विशेष — सरस्वती के साथ-साथ पर चंद्रमा के कारण इन पर लक्ष्मी की भी पूर्ण कृपा रहती है। ऐसे जातक को समाज व सरकार द्वारा सम्मान एवं पुरस्कारों की प्राप्ति भी समय-समय पर होती रहती है एवं ऐसे जातक की कीर्ति समुद्र पार देशों में भी फैल जाती है।

(24) शारदलक्ष्मी योग

निष्पत्ति — चंद्रमा से गुरु त्रिकोण (5/9) हो, बुध से मंगल त्रिकोण (5/9) हो और बुध से गुरु लाभ स्थान (11) में हो तो यह योग बनता है।

परिणाम — इस योग में जन्म लेने वाले व्यक्ति पर मां शारदा एवं धन की अधिष्ठातृ देवी लक्ष्मी की भी बराबर कृपा रहती है। बुध बुद्धिचातुर्य का कारक ग्रह है। गुरु ज्ञान का अधिष्ठाता है देवताओं को भी आलौकि करता है। शारदालक्ष्मी योग में जन्मा जातक उच्च कोटि का कवि, संगीतज्ञ, लेखक, पत्रकार, संपादक एवं कलाकार होता है। ऐसे जातक को समाज व सरकार द्वारा सम्मान एवं पुरस्कारों की प्राप्ति समय-समय पर होती रहती है। ऐसे जातक की यश-प्राप्ति देश-विदेश में निर्बाध रूप से फहराती है।

(25) भारती योग

निष्पत्ति — जातक की नवमांश कुंडली का स्वामी दूसरे भाव में भाग्येश युति किए हुए हो, तथा दूसरा भाव पंचमेश या एक दसेश से दृष्ट हो तो यह योग बनता है ।

परिणाम — इस योग में जन्म कुंडली न देखकर नवमांश कुंडली ही देखी जाती है । इस योग में उत्पन्न व्यक्ति भाग्यशाली होता है तथा उस पर मां सरस्वती (भारती) की वरद कृपा रहती है जिसके फलस्वरूप ऐसा जातक विद्यावान, गुणी, विद्वान् होकर संगीत-गायन आदि सभी कलाओं में निपुण होता है । ऐसा जातक देशभक्त होता है । मां भारती की कृपा से वह धनवान एवं प्रसिद्ध व्यक्ति होता है ।

(26) विज्ञान योग

निष्पत्ति — अष्टमेश और तृतीयेश की युति हो, दोनों बलवान हों तो योग बनता है ।

परिणाम — इस योग में जन्म लेने वाला व्यक्ति विज्ञान को जानने वाला, अनुसंधान में रुचि रखने वाला, आविष्कारक तथा नित नई खोज में रुचि रखने वाला जातक होता है ।

विशेष— ऐसा व्यक्ति वैज्ञानिक मस्तिष्क वाला होता है । जिस किसी क्षेत्र में ऐसा जातक काम करेगा वह क्यों और कैसे को लेकर चिंतित रहेगा तथा अपने जीवन में कोई ऐसा कार्य जरूर कर पाएगा, जिससे सभी लोग अचंभित से हो जाएंगे ।

(27) उच्च वैज्ञानिक योग

निष्पत्ति — लग्न में बृहस्पति हो, चंद्रमा केंद्र में हो, राहु से तृतीय स्थान में हो तो यह योग बनता है ।

परिणाम — ऐसा जातक उच्च कोटि का वैज्ञानिक होता है । उसे जीवन में सभी प्रकार की खुशियां व ऐश्वर्य सहज में ही प्राप्त होते हैं ।

वह राजा तुल्य ऐश्वर्य को भोगता है ।

जब बृहस्पति लग्न में होता है तो लग्न स्वत: ही बलवान हो जाता है । बृहस्पति से चंद्रमा केंद्रवर्ती होने पर गजकेसरी योग बनता है । चंद्रमा से राहु द्वितीय एवं राहु सूर्य, मंगल तृतीय बुद्धि के द्वारा विपुल धन अर्जन की सूचना देता है । ऐसे व्यक्ति की बुद्धि तकनीकी एवं वैज्ञानिक ज्ञान से परिपूर्ण होती है । ये शत्रुओं को भयभीत करने वाले, समस्याओं को समूल नष्ट करने वाले बुद्धिमान जातक होते हैं ।

(28) विद्या विनोद योग

सोरे ज्ञे शुभे विदुषां रंजक: ।
ज्ञारौ मंदभे कुजदृष्टौ राजंविदुषां रंजक: ।।

—जातकतत्वम्

निष्पत्ति — बुध शुक्र की युति हो एवं बुध व मंगल शुभ ग्रह की राशि में हो, और अच्छी स्थिति में हो अथवा बुध, मंगल, शनि की राशि (मकर, कुंभ) में हो और शनि उसे देखता हो तो यह योग बनता है ।

परिणाम — अकेले बुध शुक्र की युति मनुष्य को काव्यशास्त्र मर्मज्ञ बना देती है । बुध बुद्धि का कारक है, शुक्र काव्य एवं कला का प्रकाशक है, मंगल का शुभ होना व्यक्ति को राज्याश्रय दिलाता है किंवा लोकमान्य बनाता है । दूसरी स्थिति में बुध शनि की राशि में मित्रक्षेत्री हर्षित करता है तथा मंगल उच्च का हो जाता है । दोनों ही स्थितियों में जन्मा जातक विद्या व्यसनी एवं कला का पारखी होता है ।

ऐसा जातक विद्वानों को प्रसन्न करने वाला होता है । वह राजपुरुष एवं राजाओं द्वारा पूजित होता है, सम्मान पाता है । विद्या-विनोद योग के कारण ऐसा व्यक्ति समाज में व राष्ट्र में चर्चित रहता है ।

रवेशेंगे कविः ।

लाभेशे लाभे कविः ।

—जातकतत्वम् अ5/62-63

निष्पत्ति — दशमेश लग्न में गया हो और लाभेश स्वगृही हो तो यह योग बनता है ।

परिणाम — इस योग में जन्मा जातक कवि, संगीतज्ञ, गीतकार, मित्रकार या उस्व श्रेणी का कलाकार अथवा कला मर्मज्ञ होता है । अनुभव से यह भी देखा गया है कि यही क्षेत्र इनकी आजीविका का साधन भी होता है ।

(30) पंडित योग

बलि सुतेशे खे लाभे पंडितः ।

—जातकतत्वम्

निष्पत्ति — पंचमेश बलवान हो, और लग्नेश धनभाव या लाभभाव में गया हो अथवा बलवान पंचमेश दशम या एकादश भाव में गया हो तो यह योग बनता है ।

परिणाम — इस योग में जन्मा जातक विद्या, बुद्धि से विभूषित होकर समाज का मान्य विद्रान् (पंडित) होता है । ऐसा जातक नीतिशास्त्र एवं धर्मशास्त्र का मर्मज्ञ ज्ञाता (स्कोलर) होता है तथा समाज इनके निर्देशों का पालन आदर के साथ करता है ।

(31) धर्माधिकारी योग

षद्शास्त्रवल्लभः केंद्रे जीवे दानवपूजिते ।
सिंहासने गोपुरांशे, वाग्भावस्थांश के बुधे ।।

निष्पत्ति — बृहस्पति के केंद्र में (1, 4, 7, 10) हो, शुक्र स्वगृही या उच्च का होकर त्रिकोण (5, 9) में हो, धनभाव में जो राशि हो उस राशि के नवमांश में बुध हो तो यह योग बनता है ।

परिणाम — ऐसा व्यक्ति षद्शास्त्रों को जानने वाला, धर्माभिमानी व्यक्ति होता है । ऐसा जातक किसी धर्म पीठ, मठ, मंदिर का

मठाधीश होता है। ऐसा जातक महापुरुष होता है तथा आस्तिक व नास्तिक (उसके धर्म को न मानने वाला) दोनों प्रकार के लोगों द्वारा पूजा जाता है। बड़ी-बड़ी धार्मिक संस्थानों व समाजसेवी ट्रस्टों के अध्यक्षों की कुंडलियों में भी यह योग बहुतायत से पाया गया।

(33) संगीत सिनेमा (कलानिधि) योग

द्वितीये पंचमे जीवे, बुध शुक्रयुते क्षिते।
क्षेत्रे तयोर्वा संप्राप्ते योगः स्यात्स कलानिधिः ॥

निष्पत्ति — जिसकी कुंडली में द्वितीय या पंचम भाव में गुरु हो, गुरु बुध, शुक्र की राशि में हो या बुध शुक्र से युत किंवा दृष्ट हो तो यह योग बनता है।

अथवा—द्वितीय स्थान या द्वितीयेश का संबंध पंचम भाव से हो, और पंचम भाव शुक्र से प्रभावित हो तो यह योग बनता है।

परिणाम — उपरोक्त दोनों ही स्थिति में मनुष्य संगीत, सिनेमा एवं कला क्षेत्र का कुशल ज्ञाता होता है। शुक्र संगीत, कला, काव्यशास्त्र एवं सिनेमा का कारक ग्रह है। अतः शुक्र व पंचमेश का संबंध व्यक्ति को सिनेमा लाईन की ओर ले जाएगा। प्रस्तुत योग के द्वारा यदि इसका संबंध धनेश (द्वितीयेश) से जुड़ जाता है तो निश्चय ही व्यक्ति इन्हीं कलाओं के माध्यम से विपुल धन व कीर्ति का अर्जन करता है।

(32) वकील व न्यायाधीश योग

निष्पत्ति — द्वितीय भाव या द्वितीयेश पर गुरु बुध और शुक्र इन तीनों में से दो का प्रभाव हो तो यह योग बनता है।

परिणाम — द्वितीय भाव भी विद्या का माना गया है। पंचम भाव बुद्धि का है पर द्वितीय भाव विद्या और विद्या द्वारा धन कमाने की दिशा का संकेत देता है। गुरु, बुध, शुक्र, ये तीनों कानूनी ग्रह इनका प्रभाव द्वितीय स्थान या द्वितीयेश पर पहुंचेगा तो व्यक्ति कानून की शिक्षा पढ़कर बी.ए., एल.एल.बी. एल.एल.एम. या सी.ए. की उच्च उपाधि प्राप्त करेगा।

इस योग में जन्मा व्यक्ति तर्कशास्त्री होता है तथा तर्क एवं युक्तियों के माध्यम से धनार्जन करने में सफलता एवं ख्याति प्राप्त करता है। ऐसा जातक प्रसिद्ध वकील, तर्कशास्त्री एवं न्यायाधीश होता है। इनके साथ दशम भाव का अध्ययन भी करना चाहिए।

(34) डॉक्टरी शिक्षा योग

निष्पत्ति — द्वितीय भाव या द्वितीयेश पर सूर्य, राहु, शनि और बुध इन चारों में से किन्हीं तीन ग्रह या चारों ग्रहों का प्रभाव हो तो यह योग बनता है।

परिणाम — द्वितीय भाव भी विद्या का माना गया है। पंचम भाव बुद्धि का है पर द्वितीय भाव विद्या एवं धन का है और विद्या द्वारा धन कमाने की दिशा का संकेत देता है। सूर्य, राहु, शनि और बुध के चारों डॉक्टरी ग्रह हैं। इन चारों का या चारों में से तीन का भी द्वितीय स्थान पर प्रभाव हो तो व्यक्ति मेडिकल शिक्षा प्राप्त करके एम. बी. बी. एस., एफ. आर. सी. एस, एम. डी. जैसी उच्च उपाधि प्राप्त करेगा।

इस योग में जन्मा व्यक्ति मेडिकल लाईन, दवाई के धंधे एवं रोगियों की चिकित्सा से जुड़ा रहेगा। इसी से धनार्जन करने में सफल होगा एवं ख्याति प्राप्त करेगा। इसके साथ दसम भाव का अध्ययन भी करना चाहिए।

(35) इंजीनियरिंग योग

निष्पत्ति — गुरु केंद्र में हो, एवं शनि मंगल की युति पंचम भाव में हो, तो यह योग बनता है।

परिणाम — ऐसा जातक इंजीनियरिंग शिक्षा प्राप्त करता है तथा आगे चलकर इंजीनियर होने की संभावना प्रबल रहती है। इतना तो निश्चित है कि इस योग में जन्मा जातक टेक्निकल व मैकेनिकल कार्यों का जानकार होता है तथा विद्युत संबंधी कार्य, भूमि संबंधी, गैस संबंधी कार्य से जुड़ा रहता है।

विशेष — इन्हीं कार्यों से जातक धनोपार्जन करेगा। इसके साथ दशम भाव की स्थिति का अध्ययन भी अनिवार्य है।

(36) पुलिस या मिल्ट्ररी योग

निष्पत्ति — द्वितीय भाव या द्वितीयेश पर शनि, मंगल और सूर्य इन तीनों का प्रभाव हो अथवा मंगल के साथ शनि या सूर्य का भी प्रभाव हो तो यह योग बनता है।

परिणाम — द्वितीय भाव भी विद्या का माना गया है। पंचम भाव बुद्धि का है पर द्वितीय भाव विद्या एवं धन का है। यह विद्या द्वारा धन कमाने की दिशा का संकेत देता है। सूर्य, मंगल एवं शनि ये तीनों प्रशासनिक व लड़ाकू ग्रह हैं। इन तीनों का या तीनों में से दो, जिसमें मंगल का होना अनिवार्य है; ग्रह का यदि द्वितीय स्थान पर या द्वितीय पर प्रभाव हो तो व्यक्ति सेना या मिल्ट्ररी से जरूर संबंध रखेगा।

विशेष — यदि ये तीनों ग्रह बलवान हो तो मनुष्य आर. ए. एस; आई. ए एस. जैसी उच्च सेवाओं को प्राप्त कर विपुल धन व कीर्ति का अर्जन करेगा। इस योग के साथ दशम भाव का अध्ययन करना भी अनिवार्य है।

(37) कंप्यूटर शिक्षा योग

जीवे केंद्रकोणे बलिनि शुक्रे ज्ञेऽर्थे गणितज्ञः।

—जातकतत्वम् अ.5/50

निष्पत्ति — बृहस्पति केंद्र-त्रिकोण (1, 2, 4, 7, 9, 10) में हो, शुक्र बलवान हो एवं बुध द्वितीयस्थ हो तो यह योग बनता है।

परिणाम — इस योग में जन्मा जातक गणित विद्या का विद्वान् होता है तथा कंप्यूटर के क्षेत्र में शिक्षा प्राप्त करता हुआ उसमें आगे बढ़ता है। ऐसा जातक इस योग में जन्म लेने के कारण गणित, विज्ञान, एकाउंटेंसी, पंचांग एवं कंप्यूटर क्षेत्र में सफलता व सम्मान प्राप्त करता है।

(38) कंप्यूटर शिक्षा योग

केंद्र त्रिकोणे जीवे, शुक्रस्वोच्चं गते यदि।
वाग्भावपेन्दुपुत्र वा, गणितज्ञो भवेन्नरः।

निष्पत्ति – केंद्र-त्रिकोण (1, 2, 4, 5, 7, 9, 10) में बृहस्पति हो शुक्र उच्च का हो अथवा बुध उच्च का हो तो यह योग बनता है ।

परिणाम – इस योग में जन्मा जातक गणित विद्या का विद्वान होता है तथा कम्प्यूटर के क्षेत्र में शिक्षा प्राप्त करता हुआ, उसमें आगे बढ़ता है । ऐसा जातक इस योग में जन्म लेने के कारण गणित, विज्ञान, एकाउंटेंसी, एवं कंप्यूटर क्षेत्र में सफलता व सम्मान प्राप्ता है ।

(39) कंप्यूटर शिक्षा योग

धने भौमे शुभदृष्टे गणितज्ञः

(40) **अथवा**

चंद्रारौधने ज्ञ दृष्टौ केंद्रे बुधे वा कुजे गणितज्ञः ।

—जातकतत्वम् अ.5/49

निष्पत्ति – धन स्थान में मंगल शुभ ग्रहों से दृष्ट हो अथवा धनस्थान में चंद्र मंगल दोनों हो और उसे बुध देखता हो तो यह योग बनता है ।

परिणाम – इस योग में जन्मा जातक गणित विद्या का विद्वान होता है तथा कंप्यूटर के क्षेत्र में शिक्षा प्राप्त करता हुआ, उसमें आगे बढ़ता है। ऐसा जातक इस योग के कारण गणित, विज्ञान, एकाउंटेंसी, ऐफेमेरिज एवं कंप्यूटर क्षेत्र में सफलता व सम्मान प्रप्त करता है ।

(41) कंप्यूटर शिक्षा योग

धनेशे ज्ञे स्वोच्चे गुरौ लग्नेऽष्टमे मंदे गणितज्ञः ।

—जातकतत्वम् अ.5/49

निष्पत्ति — धनभाव का स्वामी बुध उच्च राशि में हो, गुरु लग्न में और शनि आठवें भाव में हो तो यह योग बनता है ।

परिणाम — इस योग में जन्मा जातक गणित विद्या का विद्वान होता है तथा कंप्यूटर के क्षेत्र में शिक्षा प्राप्त करता हुआ, उसमें आगे बढ़ता है। ऐसा जातक इस योग में जन्म लेने के कारण गणित, विज्ञान, एकाउंटेंसी, पंचांग एवं कंप्यूटर क्षेत्र में सफलता व सम्मान प्राप्त करता है । ध्यान रहे यह योग केवल वृष एवं सिंह लग्न में ही घटित होता है ।

(42) भविष्यवक्ता योग

धीकारके केंद्रकोणे शुभदृष्टे भविष्यवक्ता ।

—जातकतत्वम् अ.5/54

निष्पत्ति — बुध एवं गुरु युति किए हुए या अलग-अलग होकर केंद्र त्रिकोण (1, 2, 4, 5, 7, 9, 10) में हो और शुभ ग्रहों से दृष्ट हो तो यह योग बनता है ।

परिणाम — बुद्धि का कारक ग्रह बुध एवं विद्या का अधिष्ठाता ग्रह बृहस्पति जब अच्छे भावों (स्थानों) में होंगे तो ऐसे जातक का अन्तर्चक्षु जाग्रत रहता है, जिसे हम छठी इंद्री कहते हैं। ऐसे जातक को किसी भी वस्तु का पूर्वाभास हो जाता है। जब यह शक्ति धीरे-धीरे बढ़ने लगती है तो व्यक्ति कुशल भविष्यवक्ता बन जाता है ।

विशेष — ज्योतिष गणित जानना अलग बात है, भविष्य वक्ता बनना बिल्कुल दूसरी बात है । आपकी कुंडली में यह योग बना है । अत: आपमें कुशल भविष्यवक्ता बनने के सभी गुण विद्यमान हैं। ऐसे व्यक्ति के मुंह से अचानक निकले हुए वचन कभी-कभी सोने के अक्षर बन जाते हैं ।

(43) दैवज्ञ योग

केंद्रे बुधे वागधिपे बलाढ्ये शुक्रे धनभ्रातृगते स सौम्ये ।
स्वोच्चे धने दानवपूजिते वा, ज्योतिर्विदां श्रेष्ठतयो नरः स्यात् ॥

निष्पत्ति — बुध केंद्र (1, 4, 7, 10) में धनेश बनवान हो, शुक्र उच्च का या स्वगृही होकर किसी शुभ ग्रह से युत होकर धनभाव या तृतीयभाव में हो यह योग बनता है ।

परिणाम — इस योग में जन्म लेने वाला जातक ज्योतिषशास्त्र का प्रखर ज्ञाता होता है । जो दैव (होनी) को जाने वह दैवज्ञ कहलाता है ।

विशेष— दैवज्ञ योग में जन्मे मनुष्य ज्योतिषशास्त्र के अतिरिक्त मनुष्य का भूत-भविष्य-वर्तमान बताने की पूरी सामर्थ्य रखता है ।

(44) दैवज्ञ योग

धनेशे बलिनि केंद्राय कोणज़े ज्योतिर्विदां श्रेष्ठः ।
स्वोच्चे धने जीवे ज्योतिर्विदा श्रेष्ठः ।

—जातकतत्वम् अ.5/52-53

निष्पत्ति — धनेश स्थान का स्वामी बलवान हो, बुध केंद्र त्रिकोण या एकादश (1, 2, 4, 5, 7, 9, 10, 11) में हो तथा बृहस्पति अपनी उच्च राशि का, स्वगृही या मित्रक्षेत्री हो तो यह योग बनता है ।

परिणाम — जो दैव (होनी) को जानता है दैवज्ञ कहलाता है । दैवज्ञ योग में जन्मा मनुष्य ज्योतिषशास्त्र का ज्ञाता होता है एवं मनुष्य का भूत, भविष्य वर्तमान बताने में सक्षम होता है । यह भी अनुभव में आया है कि ऐसा जातक ज्योतिष के द्वारा धनोपार्जन करता हुआ अपनी आजीविका का निर्वाह करता है ।

(45) दैवज्ञ योग

ज्ञाच्छौ सोत्थार्थगौ ज्योतिर्विदां श्रेष्ठः ।

—जातकतत्वम् अ.5/51

निष्पत्ति — बुध व शुक्र की युति दूसरे या तीसरे भाव में हो अथवा इन दोनों में से एक-दूसरे में और दूसरा तृतीय भाव में गया हो तो यह योग बनता है ।

परिणाम — इस योग में जन्मा व्यक्ति श्रेष्ठ ज्योतिषी होता है । बुध बुद्धि की तीव्रता को बढ़ाता है और शुक्र अपनी बात को प्रस्तुत करने की सौष्ठवता को ज्योतिष की गुणवत्ता को बढ़ाता है । प्रायः यह देखा गया कि ऐसा व्यक्ति ज्योतिष के द्वारा धनोपार्जन करता हुआ आजीविका का निर्वाह करता है ।

जो दैव (होनी) को जानता है दैवज्ञ कहलाता है । दैवज्ञ योग में जन्मा मनुष्य ज्योतिषशास्त्र के अतिरिक्त मनुष्य का भूत, भविष्य, वर्तमान बताने की पूरी सामर्थ्य रखता है ।

(46) हीनकुलेऽपि विद्वान्

ध्वजाहि मंदैः सहितेज्ये शुक्रेक्षिते शूद्रोऽपि विद्वान् ।

—जातकतत्त्व अ.5/ श्लोक 79

निष्पत्ति — यदि बृहस्पति, केंद्र त्रिकोणवर्ती (1, 4, 5, 7, 9, 10) होकर शनि राहु और केतु इन तीन ग्रहों से युत हो और शुक्र उसे देखता हो तो यह योग बनता है ।

परिणाम — यह योग चतुर्ग्रह युति से ही बनता है । बृहस्पति का केंद्रवर्ती होते ही कुंडली को विद्याबल मिल जाता है । शुक्र की दृष्टि होते ही जातक उच्च कोटि का विद्वान एवं कवि हो जाता है परंतु इन पापग्रहों की उपस्थिति से जो योग बनता है और इस योग में जो जन्म लेता है वह हीन (शूद्र) कुल में भी उत्पन्न होकर विद्वान बनता है । ऐसा जातक कीचड़ में कमल की तरह खिलता है और अपनी सुरभित सुगंध से मानवजाति को आलोकित करता है ।

विशेष — महर्षि वाल्मीकी एवं संत कबीर इस योग के ज्वलंत उदाहरण हैं ।

(47) व्याकरण ज्ञाता योग

सम्पूर्ण बलसंयुक्ते गुरौ तन्दवनेश्वरे।
दिनेश भृगुसंदृष्टे शाब्दिकोयं भवेन्नरः। *—सर्वार्थ चिंतामणि*

निष्पत्ति — बृहस्पति द्रितीयेश हो, एवं बृहस्पति बलवान सूर्य शुक्र से दृष्ट हो तो यह योग बनता है।

परिणाम — यह योग केवल वृश्चिक एवं कुंभ लग्न पर ही घटित होगा क्योंकि इन दोनों लग्नों में ही बृहस्पति द्रितीयेश होगा। विद्या का अधिष्ठाता ग्रह बृहस्पति जब सूर्य एवं शुक्र का बल प्राप्त कर लेता है तो जातक का ज्ञान दिव्य तेज से आलोकित हो उठता है।

विशेष — ऐसा जातक व्याकरणशास्त्र का ज्ञाता होता है तथा सैद्धांतिक विषय पढ़ने में ज्यादा रुचि रखता है। ऐसा व्यक्ति ग्रंथकर्ता भी होता है एवं शब्दकोष निर्माण में रुचि रखता है।

(48) पौरोहित्य योग

अंज्ञो केतौ शुक्रमात्र दृष्टे याज्ञिकः।

—जातकतत्व अ.5/ श्लोक 30

निष्पत्ति — आत्मकारक ग्रह सूर्य जिस नवमांश में स्थित हो उसी में केतु भी हो तथा उसे शुक्र देखता हो परंतु अन्य ग्रहों की वहां दृष्टि हो तो यह योग बनता है।

परिणाम — इस योग में जन्म लेने वाला जातक पौरोहित्य कर्म को करने वाला, यज्ञ कराने वाला याज्ञिक होता है। आत्माकारक सूर्य की यह स्थिति व्यक्ति को दिव्य ज्ञान से आलोकित करती है केतु उस में कीर्ति देता है और शुक्र सौष्ठता पूर्णता प्रदान कराता है। ऐसा जातक सुर (आस्तिक) और दानव (नास्तिक) दोनों द्वारा पूजा जाता है।

(49) षट्शास्त्रज्ञाता योग

षट्शास्त्रवल्लभः केंद्रे जीवे दानवपूजिते ।
गुंरौ बलिन्यर्थ धनेशांशेशे केंद्रे शुभदृष्टे षट्शास्त्र वल्लभः ।

—जातकतत्व अ.5/ श्लोक 77

निष्पत्ति — केंद्र में बृहस्पति या शुक्र बैठा हो अथवा धनस्थान में गुरु बलवान हो, धनेश के नवमांश का स्वामी केंद्र में शुभग्रहों से दृष्ट हो तो यह योग बनता है ।

परिणाम — ऐसा व्यक्ति षट्शास्त्र ज्ञाता अर्थात् सभी प्रकार की विद्याओं का जानकार होता है ।

(50) भारती योग

निष्पत्ति — जातक की नवमांश कुंडली का स्वामी द्वितीय भाव में हो तथा पंचमेश एवं लाभेश उच्च के होकर नवमेश से युति किए हुए हो तो यह योग बनता है ।

परिणाम — इस योग में जन्मा व्यक्ति भाग्यशाली होता है तथा उस पर मां सरस्वती (भारती) की वरद-कृपा रहती है । जिसके फलस्वरूप ऐसा जातक विद्यावान, गुणी, विद्वान् होकर संगीत-गायन आदि सभी कलाओं में निपुण होता है ।

विशेष — ऐसा जातक देशभक्त होता है। मां भारती की कृपा से वह धनवान एवं प्रसिद्ध व्यक्ति होता है ।

(51) हरिहर ब्रह्मा योग

निष्पत्ति — शुभग्रह द्वितीयेश से आठवें या 12 वें स्थान में हो तो यह योग बनता है ।

परिणाम — ऐसा जातक वेद एवं प्राचीन विद्या का प्रखर विद्वान होता है । ऐसा पुरुष सत्यविद्या का अन्वेषक, शत्रुओं को त्रस्त करने वाला, सुखी एवं संपन्न जातक होता है ।

(52) हरिहर ब्रह्मा योग

निष्पत्ति — बृहस्पति, चंद्रमा एवं बुध सप्तमेश से चौथे, आठवें एवं नवमें

स्थान में हो तो यह योग बनता है ।

परिणाम — ऐसा जातक वेद एवं प्राचीन विद्या का प्रखर विद्वान होता है । ऐसा जातक सत्यविद्या का अन्वेषक एवं सरस्वती का वरद पुत्र होता है ।

(53) हरिहर ब्रह्मा योग

निष्पत्ति — यदि सूर्य, शुक्र और मंगल लग्न में चतुर्थ, दशम एवं एकादश स्थान में हो तो यह योग बनता है ।

परिणाम — ऐसा जातक वेद एवं प्राचीन विद्या का प्रखर विद्वान होता है । ऐसा जातक सत्य विद्या का अन्वेषक एवं सरस्वती का वरद पुत्र होता है ।

(54) ब्रह्मा योग

निष्पत्ति — यदि बृहस्पति नवमेश से केंद्र में हो तथा शुक्र लभेश से केंद्र में हो, बुध लग्न से या दशमेश से केंद्र में हो तो यह योग बनता है ।

परिणाम — ऐसा जातक स्वयं अद्वितीय विद्वान होता है तथा विद्वानों एवं ब्राह्मणों द्वारा सम्मान-आदर प्राप्त करता है । ऐसा व्यक्ति उत्तम सात्विक आहार करता है । दीर्घजीवी होता है तथा हमेशा शुभ कार्यों में रुचि रखता है ।

(55) गंधर्व योग

निष्पत्ति — यदि दसमेश तृतीय या एकादश भाव में हो, लग्नेश व बृहस्पति युति किए हुए हो, सूर्य उच्च का हो तथा चंद्रमा नवम भाव में हो तो यह योग बनता है ।

परिणाम — ऐसा जातक कला का सूक्ष्म जानकार होता है तथा संगीत, नृत्य, चित्रकला, सिनेमा वगैरा में बड़ा भारी नाम कमाता है । ऐसा जातक नित नई वेश-भूषा, सुंदर साजो-सामान के साथ 68 वर्ष तक जीता है । ऐसा व्यक्ति पूर्ण सद्गुणी-सज्जन एवं विनम्र होता है ।

संतानयोग पर विशिष्ट उदाहरण—कुंडलियां

पांच पुत्र तीन कन्या योग

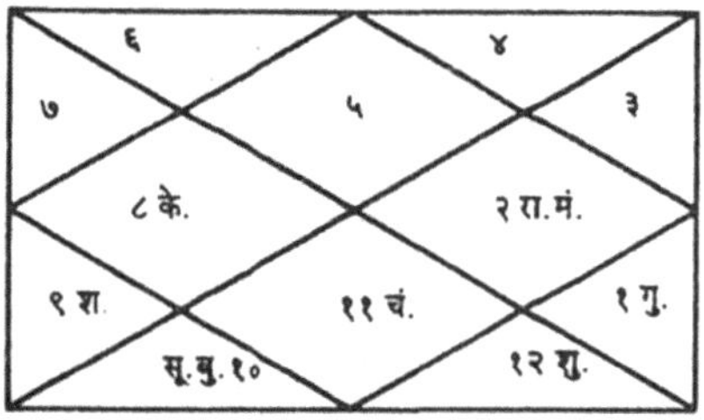

श्री जयनारायण व्यास जन्म : — 10.2.1929 समय : —18.50 स्थान : — जोधपुर

इस कुंडली में पंचमेश गुरु, अपने भाव (पंचम स्थान) को पूर्ण दृष्टि से देख रहा है। इस कारण जातक को पांच पुत्र हुए। पंचम भाव में शनि होने के कारण जातक को तीन कन्याएं भी हुईं। *

पांच पुत्र योग

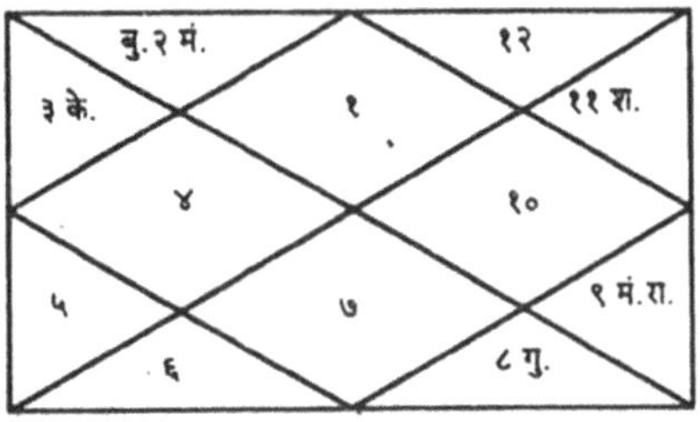

श्री मुरलीधर दवे जन्म 6.6.1936 समय 04.15, स्थान—दुन्दाडा (राज०)

प्रस्तुत जातक के पांच पुत्र है, स्वयं के भी कोई कन्या नहीं थी पिता तथा दादा के भी (तीन पीढ़ी से) से कोई कन्या नहीं हुई। अत: कुंडली विशेष रूप से संग्रहणीय है।

पंचमेश सूर्य + मंगल के साथ है। पंचमेश सूर्य पर गुरु की पूर्ण दृष्टि है। गुरु मंगल पुरुष ग्रह की राशि में है तथा मंगल से पूर्ण दृष्ट है। अत: गुरु + मंगल + सूर्य तीन पुरुष कारक ग्रहों का पंचम भाव, पंचमेश पर प्रभाव होने के कारण जातक को पांच पुत्र हुए। कुंभ का शनि पूर्ण दृष्टि से पंचम भाव को देख रहा है। यह भी पंचपुत्र प्रदाता है। जातक सम्भ्रांत परिवार में जन्मा जिलाधीश कार्यालय में डबल ऐ० ओ० पद पर कार्यरत है। *

तीन पुत्र योग

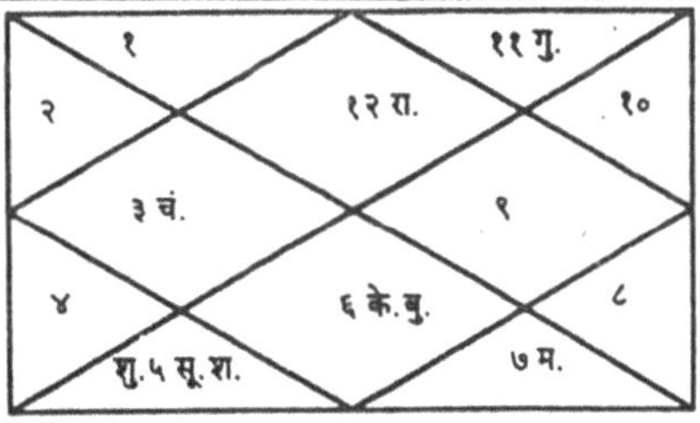

श्री बाबूलाल दवे जन्म : — 7.9.1950 समय : —20.00 स्थान : —बालोतरा (राज०)

यह कुंडली विशेष रूप से दृष्टव्य है क्योंकि जातक के कोई कन्या नहीं है जबकि पंचमेश चंद्र स्त्रीकारक ग्रह है। यहां पंचमेश विषम राशि में है अत: प्रथम पुत्र होना चाहिए फिर पुत्र कारक ग्रह बृहस्पति पंचमेश को पूर्ण दृष्टि से देख रहा है। फलत: जातक को पुत्र ही पुत्र हुए कोई कन्या नहीं हुई। *

यमल पुत्र

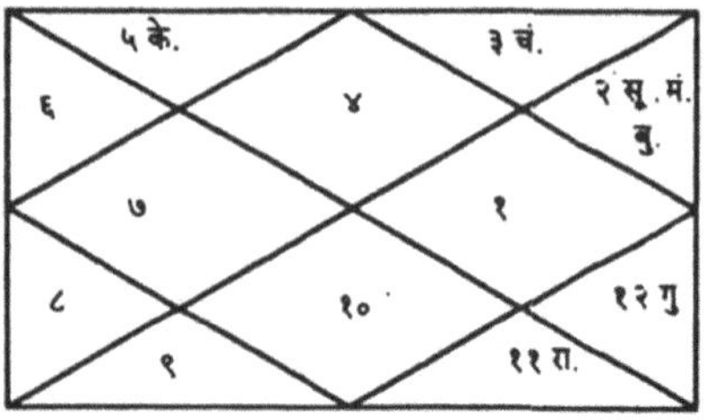

श्री कैलाश दवे जन्म : — 7.6.1957 समय : —15.00 स्थान —बालोतरा (राज०)

उपरोक्त कुंडली में पंचमेश मंगल सम राशि में है अत: प्रथम कन्या योग बनता है। ज्योतिष नियमों के अनुसार पंचमेश एवं तृतीयेश की युति हो, या मंगल+बुध की युति हो पंचमेश पंचम भाव को देखता हो तो जातक के यमल पुत्र जुड़वां बच्चे होते हैं। इस मंगल के कारण जातक को दो पुत्र हुए। *

दो कन्या एक पुत्र योग

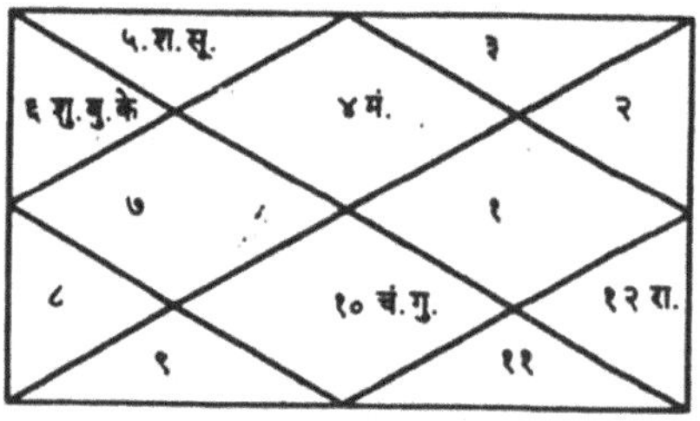

जन्म : —4.9.1949 समय : —04.04 स्थान : —जोधपुर (राज०)

पंचमेश मंगल सम (जल) राशि में प्रथम कन्या देता है। पंचमेश मंगल चंद्रमा से दृष्ट होने से एक कन्या और, तथा गुरु में दृष्ट होने के कारण एक पुत्ररत्न की प्राप्ति हुई। *

उच्च कंप्यूटर शिक्षा योग

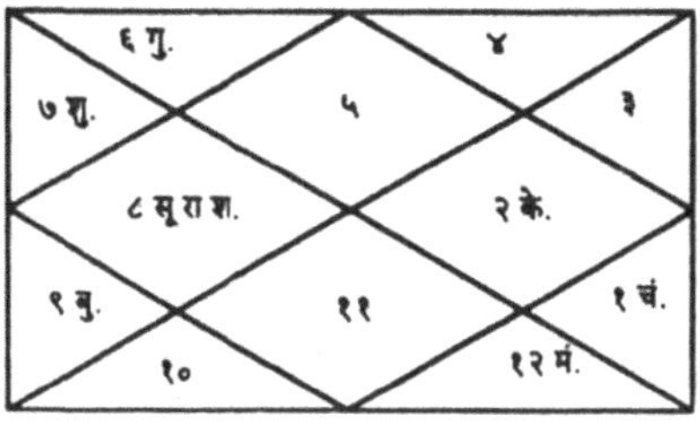

श्री अरुण बंसल जन्म : — 13.12.1956 समय : —23.10 स्थान : —दिल्ली

पंचमेश गुरु तथा लाभेश व धनेश बुध ने परस्पर राशि परिवर्तन किया है। अत: विद्या द्वारा 'धनअर्जित' योग बना है। पंचम भाव में बुध 'बुद्धिचातुर्य योग' भी बनाता है तथा उच्च कंप्यूटर शिक्षा योग का यह अनुपम उदाहरण है।

पंचम भाव में बुध तथा पंचमेश सम राशि में होने के कारण प्रथम कन्या योग बनता है। *

महाविद्वान् योग

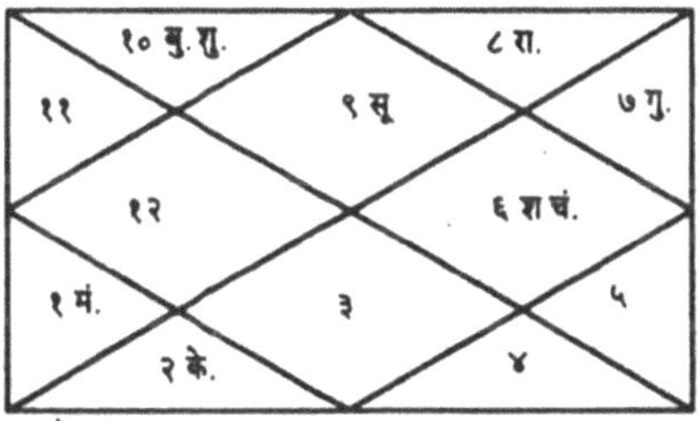

स्वामी विवेकानंद जन्म : — 12.1.1863 समय : — 6.13, कलकत्ता

उपरोक्त कुंडली में पंचमेश मंगल पंचम भाव में स्वगृही है। पंचम भाव गुरु से दृष्ट है फलत: महाविद्वान योग की सृष्टि हुई है।

द्वितीय भाव में बुध+शुक्र की युति है। तथा मंगल शुभ ग्रह से दृष्ट हो तो 'विद्या विनोद योग' बनता है। जो इस कुंडली में पूर्ण रूप में घटित है। स्वामी जी कई बार विनोद-विनोद में महान् गूढ़ अर्थ वाली ज्ञान की बातें समझा देते थे।

*

शारदा सरस्वती योग

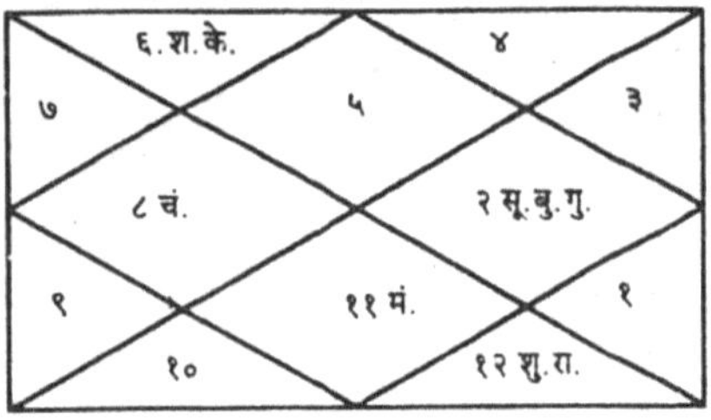

परमाचार्य कांची कामकोटी पीठ जन्म : — 20.5.1984 समय : —13.30 स्थान : —वेल्लपुरम् (मद्रास)

पंचमेश गुरु केंद्र में बुध एवं सूर्य के साथ बुध बाणी का अधिपति सूर्य लग्नेश है फलत: शारदा सरस्वती योग की पूर्ण सृष्टि हुई है ।

भारत के परम विद्वान् सरस्वती पुत्र परमाचार्य जगद्‌गुरु ने सौ वर्ष की आयु भोगी तथा 8-1-1994 को उनका कनकाभिषेक हुआ जहां भारत के राष्ट्रपति, प्रधानमंत्री सभी राजनैतिज्ञ एवं मूर्धन्य विद्वान् उपस्थित थे। स्वामी जी 14 भाषाओं के जानकार एवं अधिकारी विद्वान् थे । *

अष्ट कन्या योग

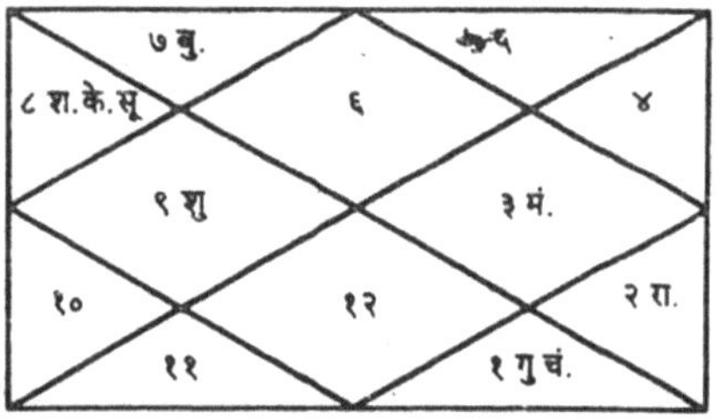

जन्म : — 26.11.1928 समय : —04.00 स्थान : —जोधपुर (राज०)

प्रस्तुत कुंडली में पंचमेश शनि है । शनि जलराशि में नियमानुसार प्रथम संतति कन्या देता है । पंचमेश शनि पूर्ण दृष्टि से अपने घर पंचम भाव को देखता है । शनि सात कन्या देता है । एक कन्या केतु ने दी परंतु सूर्य के प्रताप से एक पुत्र भी हुआ । *

केवल कन्या योग

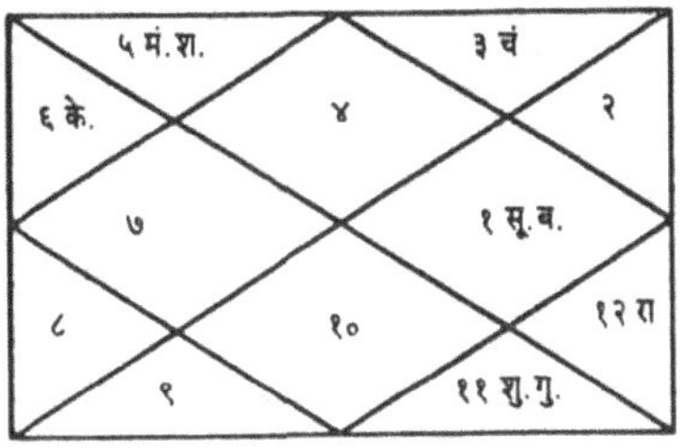

श्री विष्णु पंचारिया जन्म : – 24.4.1950 समय : —11.43 (ए० एम०) स्थान : —रामराऊ (ओसियां)

जिस कुंडली में पंचमेश एवं सप्तमेश की युति हो तो उसे प्रथम संतति के रूप में कन्या रत्न की प्राप्ति होती है। यह सर्वमान्य नियम है। पंचमेश यदि पापपीड़ित हो तो पुत्र नहीं होता। यहां मंगल, शनि एवं केतु के प्रभाव में पापग्रस्त है। मंगल पंचमेश है अत: इस कुंडली वाले जातक के पुत्र नहीं है, एकमात्र कन्या-रत्न ही है। *

दो कन्या दो पुत्र योग

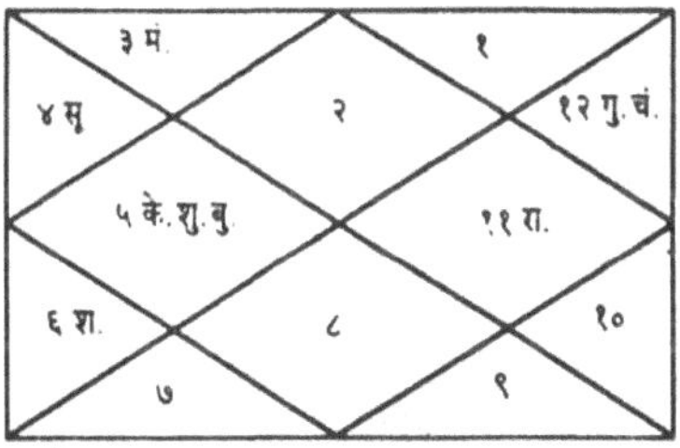

श्री शिवकुमार दवे जन्म : – 23.7.1951 समय : —01.30 रात्रि स्थान : —बंबई

यहां पंचमेश बुध शुक्र के साथ हैं। पंचम भाव में स्त्री कारक ग्रह शनि बैठा है। फलत: जातक के लगातार दो कन्याएं हुईं। आगे भी कन्या योग स्पष्ट था परंतु जातक ने सूर्य की कट्टर उपासना की फलत: उपासना सिद्ध हुई तथा जातक को दो पुत्र-रत्नों की प्राप्ति हुई। अनुष्ठान द्वारा सफलता सिद्धि का यह प्रत्यक्ष उदाहरण है। परंतु ज्योतिष के अनुसार यहां दो पुत्र देने वाला ग्रह बृहपति है जो पंचम भाव को पूरी ताकत से देख रहा है। *

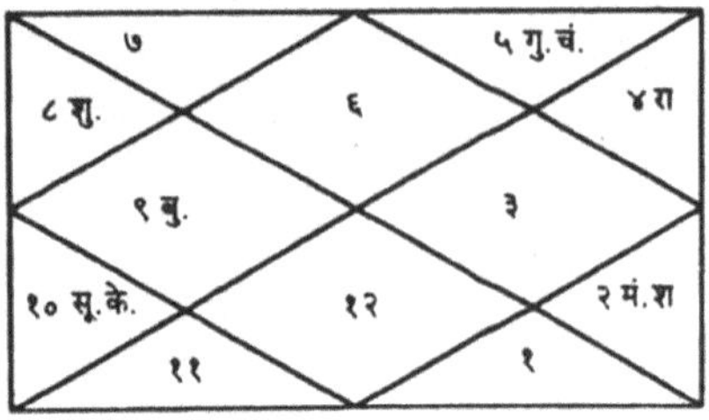

डा० प्रकाश कच्छवाह जन्म : — 15.1.1994 समय : —01.26 स्थान : —ईडर (आबू)

प्रस्तुत कुंडली में पंचमेश शनि सम राशि में है अत: पहली संतान कन्या हुई। पंचम भाव में स्थित सूर्य ने एक पुत्र तथा केतु ने भी जातक को एक पुत्र दिया। गुरु चंद्र द्वादश में होने के कारण जातक ने विदेश जाकर खूब रुपया कमाया।

शास्त्रार्थ में विजय प्राप्त करने हेतु विद्या एवं बुद्धिवर्द्धक अमोघ फलदायक स्तोत्र

अथ सिद्धसरस्वती स्तोत्रम्

अस्य श्री सरस्वतीस्तोत्रमन्त्रस्य मार्कण्डेय-ऋषिः स्रग्धराऽनुष्टुप्छन्दः, सरस्वती देवता, ऐं बीजं। वद वद शक्तिः, स्वाहा कीलकं। मम वाक् सिद्ध्यर्थं जपे विनियोगः।

अथ न्यासः

ॐ ह्रीं अंगुष्ठाभ्यां नम। ॐ ऐं तर्जनीभ्यांनमः।

ॐ धीं मध्यमाभ्यानमः। क्लीं अनामिकाभ्यानमः।

ॐ सौं कनिष्ठिकाभ्यान्नमः। ॐ श्री करतलकर पृष्ठाभ्यान्नमः

अथ हृदयादिन्यासः

ॐ ह्रीं हृदयाय नमः । ॐ ऐं शिरसे स्वाहा । ॐ धीं शिखायै वषट् ।
ॐ क्लीं नेत्रत्रयाय वौषट् । ॐ सौं कवचाय हुं । ॐ श्रीं अस्त्राय फट् ।

अथ ध्यानम्

शुक्लां ब्रह्मविचारसारपरमामाद्यां जगद्व्यापिनीं । वीणापुस्तकधारिणी मभयदां जाड्यान्धकरापहाम् । हस्ते स्फाटिकमालिकां विदधतीं पद्मासने संस्थितां, वन्दे तां परमेश्वरीं भगवतीं बुद्धिप्रदा शारदाम् ॥ १ ॥ दौर्भियुक्तैश्चतुर्भिः स्फटिकमणिमयी-मक्षमालान्दधानां, हस्तेनैकेन पद्मं सितमपि च शुकं पुस्तकं चापरेण । पाशंवीणां मुकुन्दस्फटिकमणिनिभां भासमाना समाना । सा मे वादे च तथ्ये निवसतु वदने सर्वदा सुप्रसन्ना ॥ २ ॥ या कुन्देन्दुतुषार हारधवला या शुभ्रवस्त्रावृता, या वीणावरदण्डमंडितकरा या श्वेतपद्मासना । या ब्रह्माच्युतशंकर-प्रभृतिभिर्देवैः सदा वन्दिता, सा मां पातु सरस्वती भगवती निःशेषजांड्यापहा ॥ ३ ॥

इति ध्यात्वा 108 मंत्र जपेत्- **ह्रीं ऐं धीं क्लीं सौ श्रीं सरस्वत्यै नमः ।**

ह्रीं ह्रीं ह्रीं हृद्यैकबीजे शशिरूचिकमले कल्प विस्पष्टशोभे, भव्ये भव्यानुकूले शुभमतिवरदे विश्ववन्द्याङ्घ्रिपद्मे । पद्मे पद्मोंपविष्टे प्रणतजनमनोमोदसम्पादयित्रि प्रोत्फुल्लज्ञानकूले हरिहर नमिते देवि ! संसार सारे ! ॥१ ॥

ऐं ऐं ऐं जाप्यतुष्टे हिमरुचिमुकुटे वल्लकीव्यग्रहस्ते, मातर्मातर्नमस्ते दह दह जडतां देहि बुद्धिं प्रशस्ताम् । विद्ये वेदान्तवेद्ये श्रुतिपरिपठिते मोक्षदे मुक्ति मार्गे
मार्गातीतस्वरूपे भव मम वरदे शारदे शुभ्रहारे ॥ २ ॥

धीं धीं धीं धारणाख्ये धृतिमतिनुतिभिर्नामभिः कीर्तनीये, नित्ये नित्ये निमित्ते मुनिजननमिते नूतने वै पुराणे । पुण्ये पुण्यप्रभावे- हरिहरनमिते पूर्णतत्वस्वरूपे मातर्मात्रार्थतत्त्वे मति मतिमतिदे माधव प्रीतिनादे ॥ ३ ॥

क्लीं क्लीं क्लीं सुस्वरूपे दह दह दुरितं पुस्तकव्यग्रहस्ते, सन्तुष्टाकार चित्ते स्मितमुखि सुभगे जृम्भणि स्तम्भनीये । मोहे मुग्धप्रबोधे मम कुरु कुमति ध्वान्त्र विध्वंसमीड्ये, गौर्गौ र्वाग्भारतीत्वं कवि धृतरसने सिद्धिदे सिद्धिसाध्ये ॥ ४ ॥

सौं सौं सौं शक्तिबीजे कमलभवमुखाम्भोजमूर्तिस्वरूपे, रूपे रूप प्रकाशे सकलगुणमये निर्गुणे निर्विकल्पे। न स्थूले नैव सूक्ष्मेऽप्यविदितविभवे जाप्यविज्ञानतुष्टे, विश्वे विश्वान्तराले सकलगुणमये निष्कले नित्यशुद्धे ॥ ५ ॥

श्रीं श्रीं श्रीं स्तौमि त्वाऽहं मम खलु रसना मा कदाचित्यज त्वं, मा में बुद्धि र्विरूद्धाभवतु मम मनो पातु मां देवि। पापात्! मा मे दुःखं कदाचित् क्वचिदपि विषये पुस्तके नाकुलत्वं, शास्त्रे वादे कवित्वे प्रसरतु मम धीर्माऽस्तु कुण्ठा कदाऽपि ॥ ६ ॥

इत्येतैः श्लोकमुख्यैः प्रतिदिनमुषसि स्तौति यो भक्तिनम्रो, वाणी वाचस्पतेप्यविदितविभवो वाक्यतत्वार्थवेत्ता! स स्यादिष्टार्थ लाभी सुतमिव सततं पातु तं सा च देवी, सौभाग्यं तस्य लोके प्रसरतु कविता विघ्नमस्तं प्रयातु ।।७ ॥

निर्विघ्नं तस्य विद्या प्रभवति सतत चाशुग्रन्थप्रबोधः, कीर्तिस्त्रैलोक्यमध्ये निवसति वदने शारदा तस्य साक्षाद् । दीर्घायुलोकपूज्यः सकलगुणनिधि संततं राजमान्यो, वाग्देव्याः सम्प्रसादात् त्रिजगति विजयो जायते तस्य साक्षात् ॥ ८ ॥

ब्रह्मचारी व्रती मौनी त्रयोदश्यामहर्निशम्।

सारस्वतो जनः पाठाद् भवेदिष्टार्थलाभवान् ॥९ ॥

पक्षद्वये त्रयोदश्यामेकविंशतिसंख्यया।

अविच्छन्नं पठेद्यस्तु सुभगो लोकविश्रुतः।

वांच्छित फलमाप्नोति षण्मासैनात्र संशयः ॥ १० ॥

ॐ ह्रीं ऐं धीं क्लीं, सौं, श्रीं वद वद वाग्वादिन्यै स्वाहा। मालां शिरसि धृत्वा-त्वं माले सर्वदेवनां सर्वकामप्रदा मता! तेन सत्येन में सिद्धिं देहि मातर्नमोऽस्तु ते। इत्यपर्णम्।

इति सनत्कुमारसहिंतायां सिद्धसरस्वतीस्तोत्रं सम्पूर्णम्।

सारस्वत-व्रत की विधि और उसका महात्म्य

एक बार मत्स्यावतार भगवान् विष्णु से मनु ने पूछा—मधुसूदन ! किस व्रत का अनुष्ठान करने से मनुष्यों को मधुर वाणी, जनता में उत्कृष्ट सौभाग्य, उत्तम बुद्धि, विद्याओं में निपुणता, पति-पत्नी में अभेद, बंधुजनों के साथ प्रेम और दीर्घायु की प्राप्ति हो सकती है ? माधव ! वह व्रत मुझे बतलाइए।

मत्स्यभगवान् ने कहा—राजन् ! तुमने तो बड़ा उत्तम प्रश्न किया है। अच्छा सुनो ! अब मैं उस सारस्वत-व्रत का वर्णन कर रहा हूं, जिसकी चर्चामात्र करने से इस लोक में सरस्वती देवी प्रसन्न हो जाती हैं। जो पुरुष मेरा भक्त हो उसे पंचमी के दिन इस श्रेष्ठ व्रत का अनुष्ठान प्रारंभ करना चाहिए। आरंभ-काल में ब्राह्मणों के पूजन का विधान है। अथवा रविवार को, जब ग्रह-नक्षत्र आदि अनुकूल हों, ब्राह्मणों द्वारा स्वस्तिवाचन कराकर, उन ब्राह्मणों को खीर का भोजन करावें और अपनी शक्ति के अनुसार सुवर्णसहित श्वेत-वस्त्र का दान करें। फिर श्वेत पुष्पमाला और चंदन आदि उपकरणों द्वारा भक्तिपूर्वक गायत्री देवी की पूजा करके यो प्रार्थना करें—"देवी ! जैसे ब्रह्मलोक में भगवान् पितामह आपको छोड़कर कहीं अंयत्र नहीं रुकते, उसी प्रकार का वर मुझे भी प्रदान करें। देवी ! जैसे वेद, संपूर्ण-शास्त्र तथा गीत-नृत्य आदि जितनी कलाएं हैं, वे सभी आपके बिना नहीं रह सकतीं, उसी प्रकार की सिद्धियां मुझे भी प्राप्त हों। सरस्वती ! आप अपनी लक्ष्मी, मेधा, धरा, पुष्टि, गौरी, तुष्टि, प्रभा और मति—इन आठ मूर्तियों द्वारा मेरी रक्षा करें।" इस प्रकार धर्मज्ञ पुरुष वीणा, रूद्राक्ष-माला, कमंडल और

पुस्तक धारण करने वाली गायत्री की श्वेत पुष्प, अक्षत आदि से भक्तिपूर्वक पूजा कर, प्रातः एवं सायंकाल मौन धारण करके भोजन करें तथा प्रत्येक पक्ष की पंचमी तिथि को ब्रह्मवासिनी (वेद-विद्या की अधिष्ठात्री) का पूजन कर घृतपूर्ण पात्र सहित एक सेर चावल, दूध और सुवर्ण का दान करें और कहें—"गायत्री देवी मुझ पर प्रसन्न हों।" यह कर्म सायंकाल में मौन धारण करके करना चाहिए। तेरह महीने तक प्रातः और सायंकाल के बीच भोजन न करने का विधान है। व्रत समाप्त हो जाने पर पहले ब्राह्मण को दो वस्त्रों सहित भोजन-पदार्थ का दान करके तत्पश्चात् स्वयं श्वेत चावलों का भोजन करें। पुनः देवी के नियमित वितान (चंदोवा या चांदनी), घंटा, दो श्वेत (चांदी के बने हुए) नेत्र, दुधारु गौ, चंदन, दो वस्त्र और सिर का कोई आभूषण दान करना चाहिए। तदनंतर पढ़ उपदेश करने वाले अर्थात् कर्म कराने वाले गुरु को भी कृपणता-सहित होकर वस्त्र, पुष्पमाला, चंदन आदि से भलीभांति पूजन करें।

जो मनुष्य इस (उपयुक्त) विधि के अनुसार सारस्वत-व्रत का अनुष्ठान करता है। वह विद्या-संपंन, धनवान् और मधुरभाषी हो जाता है; साथ ही सरस्वती की कृपा से ब्रह्मलोक में प्रतिष्ठित होता है। अथवा राजन्! यदि कोई स्त्री इस व्रत का अनुष्ठान करती है तो वह भी उस फल को प्राप्त करती है और तीस कल्पों तक ब्रह्मलोक में निवास करती है। जो मनुष्य इस सारस्वत-व्रत का पाठ अथवा श्रवण करता है, वह भी विद्याधर-लोक में तीस कल्पों तक निवास करता है।

नील सरस्वती मंत्र

आज के युग में मानव जिंन समस्याओं से ग्रस्त है, उनमें शिक्षा प्रमुख है। प्रत्येक व्यक्ति की इतनी सामर्थ्य नहीं है कि वह वर्तमान समय की व्ययसाध्य विद्यालयों की शिक्षा के अलावा अपने बच्चों के हेतु प्रत्येक विषय के अतिरिक्त प्रशिक्षण (ट्यूशन) करवा सके। विद्यालयों की स्थिति यह है कि अध्यापक या तो विद्यालय आते नहीं और आते भी हैं तो पढ़ाते नहीं। यदि कोई सच्चरित्र शिक्षा भी देना चाहे तो कुछ छात्र पढ़ना ही नहीं चाहते तथा अन्य छात्रों की शिक्षा में भी बाधा डालते हैं। कुछ भी हो परीक्षा में उत्तीर्ण न होने पर पश्चाताप सभी को होता है।

बुद्धि-विद्या की देवी सरस्वती है, शिक्षा में मन लगे, आपकी बुद्धि प्रखर हो, परीक्षा में सफलता मिले, इस उद्देश्य से सरस्वती मंत्र का जप या अनुष्ठान हितकारी है।

विनियोग (जल हाथ में लेकर निम्न अंश पढ़कर छोड़ दें)।

अस्य नीलसरस्वती महामंत्रस्य देवाचार्य ऋषि:, अनुष्टुप छन्द:, श्री नील सरस्वती देवता, अप कृत्यादि विनाशने विद्याबुद्धिवर्चस्व सिद्धर्थं जपे विनियोग:।

ध्यानः—

> **घंटा शिरः शूल मंसि कराग्रे,**
> **संविभ्रति चंद्रकलावंतसाम्।**
> **प्रमथ्यतीं पादतले पशुं तां,**
> **भजेमुदा नीलसरस्वतीशाम्॥**

(देवी के निम्नस्वरूप का मन में ध्यान करें—चंद्रमा के समान कांतिवाली मां सरस्वती के चार हाथ हैं जिनमें घंटा, मुण्ड, शूरा तथा खड्ग धारण किए हैं, पैरों से अज्ञान रूपी पशु का मंथन कर रही है, ऐसी देवी नील सरस्वती को मेरा प्रणाम है।)

तदनंतर निम्न मंत्र का जप करें। एक, दो, तीन या इससे अधिक माला जितना संभव हो नित्य प्रति जप कर सकते हैं। एक माला में 108 दाने होते हैं, लेकिन एक माला में गिनती 100 होगी। नित्य ही बराबर संखया का जप हो, यह आवश्यक नहीं है लेकिन जप प्रारंभ करने के बाद बीच में किसी दिन क्रम न टूटे। इस प्रकार सवा लाख जप पूर्ण होने पर हवन, मांजन, तर्पण करें।

मंत्र—

> **ऐं श्रीं श्रीं ह्रीं ह्रीं क्लीं क्लीं**
> **ऐं ब्लूं त्रीं नील सरस्वति,**
> **बुद्धि वैकल्यदोषं हर हर,**
> **विद्या बुद्धि वर्चस्वं में देहि देहि**
> **अपकृत्यादि भयं नाशय नाशय,**
> **त्रीं ब्लूं ऐं क्लीं क्लीं**
> **ह्रीं ह्रीं श्रीं श्रीं ऐं।**

जप के हेतु अशोक के फूलों की माला बनायी जाए तो उत्तम है। जप स्वयं कर सकते हैं, उच्चारण शुद्ध हो, ध्यान दें।

अथवा योग्य विद्वान् द्वारा अनुष्ठान करवा सकते हैं।

अथर्ववेदीय संतान प्रकरण
(रतिकालीन तिथियों से)

पति व पत्नी के भावात्मक एकात्मक संबंध में, अंग-प्रत्यंग के सम्पर्क से संतान की उत्पत्ति होती है। पुत्र, कन्या और क्लीव इन तीनों रूपों में पूर्व जन्म की कर्मानुसार संतानों का जन्म होता है और मृत्यु होती है। यद्यपि मंत्र, मणि और औषध चिकित्सा से संतान उत्पत्ति के अनेक प्रसंग मिलते हैं। तथापि तंत्रोक्त रतिकालीन संबंध कम महत्त्वपूर्ण नहीं हैं। इसके सत्य पाए जाने पर यह प्रकरण यथावत् पाठकों के लाभार्थ प्रस्तुत कर रहे हैं।

निष्ठीविता अर्थात् रौंध करती हुई गौ की तरह धीरे-धीरे चलने वाले आलस्ययुक्त, प्रसन्न मन वाली, हृदय में जिसे गर्भाधान की इच्छा हो, ऐसी बीजग्रहण में समर्थ स्त्री की योनि में लिंग द्वारा गर्भाधान संस्कार करें। स्त्रियों के ऋतु के स्वाभाविक दिन 16 माने जाते हैं। जिनमें प्रारंभ के 4 दिन निषिद्ध हैं। शेष दिनों में गर्भाधान करना चाहिए।

प्रथम चार रात्रियां, ग्यारहवीं रात्रि और तेरहवीं रात्रि ये छ: दिन तो निंदित हैं। शेष दस दिन शुभ माने जाते हैं।

युग्म जैसे 2-4-6-8 इत्यादि संख्या वाली रात्रियों में गर्भाधान करने से पुत्रजन्म होता है और अयुग्म जैसे 1-3-5-7 इत्यादि संख्या वाली रात्रियों में

संभोग करने से कन्या का जन्म होता है। इसलिए पुत्र की इच्छा वालों को चाहिए कि रजोधर्म के पश्चात् युग्म दिनों में ही गर्भाधान करें।

यदि पुरुष का वीर्य बलवान् हुआ तो पुत्र संतान होगी और यदि स्त्री का रज प्रबल हुआ तो कन्या का जन्म होगा। यदि दोनों के रज वीर्य समान बली हुए तो कभी बालक कभी कन्या होती है। यदि वीर्य क्षीण या अल्प वीर्य होगा तब कन्याएं अधिक होंगी।

चौथी रात्रि में गर्भाधान से जो पुत्र होता है, वह अल्पायु वाला गुणों, से रहित, नियम एवं आचार-विचारों को न मानने वाला, दरिद्र और दुःखी रहने वाला होता है।

पांचवीं रात्रि में गर्भाधान से कन्या उत्पंन होती है। छठवीं रात्रि में गर्भाधान करने से पुत्र उत्पन्न होता है, सातवीं में कन्या। परंतु उसके मृत्यु की संभावना अधिक रहती है अतः इसको त्याग देवें। आठवीं रात्रि में गर्भाधान करने से भाग्यवान् पुत्र उत्पन्न होता है।

नवमी रात्रि के संस्कार से सौभाग्यवती कन्या उत्पन्न होती है। दशमी रात्रि में श्रेप्ठ (पुरुष) पुत्र का जन्म होता है। ग्यारहवीं रात्रि में अधर्माचरण करने वाली कन्या होती है और बारहवीं रात्रि में पुरुषों में श्रेष्ठ पुत्र होता है। तेरहवीं रात्रि में गर्भाधान करने से मूर्ख, पापाचरण करने वाली वर्णसंकर संतान उत्पन्न करने वाली तथा दुःख एवं शोकप्रदा दुष्टा कन्या का जन्म होता है। चौदहवीं रात्रि के गर्भ से धर्मात्मा, कृतज्ञ, अपने ऊपर नियंत्रण रखने वाला, तपस्या करने वाला एवं संसार पर अधिकार रखने वाला, पिता के समान पुत्र उत्पन्न होता है। पंद्रहवें दिन गर्भाधान करने से राजवंशों के समान सुंदर, अधिक भाग्यशाली, अधिक सुखों को भोगने वाली तथा पतिव्रता कन्या उत्पन्न होती है। सोलहवीं रात्रि के गर्भ से विद्वान्, सत्य बोलने वाला, जितेंद्रीय एवं सबका पालन करने वाला पुत्र उत्पन्न होता है।

गर्भाधान तंत्र—

जो स्त्री गर्भ धारण करने के योग्य हो, परंतु गर्भ नहीं ठहरता हो, सब प्रकार के इलाज करा लेने पर भी लाभ न हो, तो कृपया ये टोटके काम में लें, ईश्वर ने चाहा, तो जरूर लाभ होगा।

1. रविवार को सुगंधरा की जड़ या एकवर्णा गौ के दूध के साथ पीस ऋतुकाल

पीने से तथा साठी का भात एवं मूंग की दाल पथ्य खाने से वंध्यादोष विनष्ट होता है ।

2. दवा खाते समय स्त्री को किसी प्रकार की चिंता या शोक अथवा भय, अधिक परिश्रम, दिन में सोना, गर्म चीजों का भोजन, धूप, अधिक ठंड इन सबसे बचना चाहिए । ऐसे पथ्य से रहते हुए पति के साथ सहवास करने से वंध्य अवश्य गर्भवती होती है ।
3. रजोधर्म शुद्धि के पश्चात् काली अपराजिता की जड़ को बछड़ा वाली नवीन गौ के दूध में तीन दिन पीने से वंध्या गर्भवती होती है ।
4. पहले ब्याही हुई गाय जिसके साथ बछड़ा हो, ऐसे गौ के दूध के साथ नागकेसर का चूर्ण सात दिन तक पीने से तथा घी-दूध के साथ भोजन करने से वंध्या स्त्री पुत्रवती होती है ।
5. नींबू के पुराने पेड़ की जड़ को दूध में पीसकर घी मिला पीने से प्रति प्रसंग द्वारा स्त्री को दीर्घजीवी पुत्र प्राप्त होता है ।

मृतवत्सा तंत्र—

जन्म लेने के पश्चात् जिस स्त्री का पुत्र मर जाता है, उसे मृतवत्सा कहते हैं। जिस रविवार को कृतिका नक्षत्र हो, उस दिन पीत पुष्पा नाम की जड़ी को जड़सहित लावे, उसे पानी में सात दिन पर्यंत पीसकर पीवें तो पुत्र न मरे ।

निश्चित पुत्र प्राप्ति का अमोघ उपाय

अगर कन्याएं ही पैदा हों तो पुत्र-प्राप्ति के लिए 'चरण-व्यूह' का पाठ करना चाहिए। वेद पुराणोक्त 'चरण-व्यूह' पाठ के श्रवण मात्र से ही पुत्र रत्न की शत-प्रतिशत प्राप्ति होती है। कलिकाल में 'चरण-व्यूह' विशेष रूप से प्रभावशाली है तथा प्रत्यक्ष चमत्कार बताता है । जब प्रसूति को चौथा या पांचवां महीना चल रहा हो; तब किसी विद्वान् ब्राह्मण अथवा पुरोहित के द्वारा इसका श्रद्धापूर्वक श्रवण किया जाता है । पति भी पाठ पढ़ कर पत्नी को सुना सकता है । केवल अगरबत्ती, दीपक, पाठ करते समय लगाना आवश्यक है। नैवेद्य धरे तो उसे दोनों पति-पत्नी जरूर खावें। अकेली स्त्री भी इसका पाठ कर सकती है । दोनों पति-पत्नी का यहां बैठना आवश्यक नहीं है । इस क्रम में यदि पूजन करना चाहें तो विष्णु व लक्ष्मी का साथ-साथ चित्र होना चाहिए । ध्यान रहे कि सातवें

महीने के बाद इसका प्रयोग निषिद्ध है।

इसके श्रवण मात्र से संतान तेजस्वी, पराक्रमी, मेधावी, धर्म-ध्वज व जातिकुल-रक्षक, पौरुषशाली व वंशवृद्धिनी होती है।

॥अथ श्रीचरण व्यूहं ॥

॥श्री गणेशाय नमः ॥

हरिः ॐ ॥ अथातश्चरण-व्यूहं व्याख्यास्यामः ॥१ ॥

तत्र यदुक्तं चातुर्वेद्यं चत्वारो वेदा विज्ञाता भवन्ति ॥२ ॥

तत्र ऋग्वेदो यजुर्वेदः समावेदोऽथर्ववेदश्चेति ॥३ ॥

॥ ऋग्वेद खंडः ॥

तत्र ऋग्वेदस्याष्टौ स्थानानि भवन्ति ॥४ ॥

(तस्मात् ब्रह्मयज्ञार्थे पारायणार्थे च ऋग्वेदस्याध्ययनं कर्त्तव्यम्)

१ चर्चा २ श्रावकः ३ चर्च्वकः ४ श्रवणीयपारः ॥५ ॥

५ क्रमपारः ६ क्रमपदः ७ क्रमजटः ८ क्रमदण्डश्चेति चतुष्पारायणम् ॥६ ॥

एतेषां शाखाः पञ्चविधाः भवन्ति ॥७ ॥ आश्वलायनी, शांखायनी, शाकला, बाष्कला, माण्डूकायनोश्चेति ॥८ ॥ तेषामध्ययनं ॥९ ॥ अध्यायाश्च चतुः षष्ठिर्मंडलानी दशैवतु ॥१० ॥

(अथ पारायणे वर्ग संख्योच्यते)—

एकर्च एक वर्गश्च एकर्च नवकस्तथा।
द्वौ वर्गौक्तौ त्रध्चौ ज्ञेयौ, ऋक्त्रयश्च शतं स्मृतं ॥
वर्गाणां परिसंख्यांतं द्वि सहस्रे षडुत्तरे।
सहस्रमेकं सूक्तानां निर्विशङ्क विकल्पितम् ॥
दशसप्त सपठ्यंते संख्यांतं वै पदक्रमम् ॥
ऋचांदश सहस्राणि, ऋचां पंच शतानि च।
ऋचामशीति पादश्चैतत्पारायणमुच्यते ॥११ ॥

यजुर्वेदस्य षडशीतिर्भेदाभवंति। तत्र चरकानां द्वादश भेदाः भवंति १. चरकाः, २. आह्वरकाः ३. कंठाः ४. प्राच्यकंठाः ५. कपिष्ठलकंठाः च ६. आरायणीयाः ७. वारायणीयाः ८. वार्तांतवेयाः ९. श्वेताश्वतराः १०. औपमंयवः ११. पातांड़नीयाः १२. मैत्रायणीयाश्चेति ॥ तत्र मैत्रायणीयानाम् षड्भेदाः भवंति। १. मानवाः २. वाराहाः ३. दुंदुभाः ४. छागलेयाः ५. हरिद्रवेयाः श्यामायनीयाश्चेति ॥ तेषामध्ययनं ॥

द्वे सहस्रे शते न्यूने मंत्रे वाजसनेयके।

ऋग्गणः परिसंख्यातं ततोंयानि यजूंषिच ॥

अष्टौ शतानि सहस्राणि चाष्टाविंशति रंयांयधिकश्च पादमेतत्प्रमाणं यजुषां हि केवलं। स बालखिल्यं सुशक्रियं ब्राह्मणं च चतुर्गुणं। तत्र तैत्तरीयकानां द्विभेदाः भवंति। १ औखेयाः २ खांडिकेयाश्चेति ॥ तत्र खांडिकेयानाम् पञ्चभेदाः भवंति ॥ १ कालेता २ शाटचायनी, हेरंयकेशी ४ भारद्वाज्या ५ पस्तंवीचेति ॥ तेषामध्ययन ॥ अष्टादश यजुःसहस्रांयधीत्यशाखापारो भवति। तांयेव द्विगुणांधीत्य पदपारो भवति। तान्येव त्रिगुणामधीत्य क्रमपारो भवति। षड्गांयश्रीत्य षड्ङ्गविद्भवति।

त्रिगुणां पठ्यते यत्र मंत्र ब्राह्मणायोः सह।

यजुर्वेदः स विज्ञेयः शेषाः शाखांतराः स्मृताः ॥

१ शिक्षा, २ कल्पो, ३ व्याकरणं, ४ निरुक्तं, ५ छंदो, ६ ज्योतिषमितिषड्ङ्गानि ॥

छंदः पादौतु वेदस्य, हस्तौ कल्पोऽथ पठ्यते।

ज्योतिषामयनं चक्षु र्निरुक्तं श्रोत्रमुच्यते।

शिक्षाघ्राणं तु वेदस्य मुखं व्याकरणं स्मृतम्।

तस्मात्साङ्गमधीत्यैव ब्रह्मलोके महीयते ॥

तथा प्रतिपदमनुपद छंदो भाषा धर्मो मीमांसा न्यायस्तर्क इत्युपाङ्गानि। तत्र परिशिष्टानि भवंति। यूप लक्षणं, छाग लक्षणं, प्रतिज्ञानुवाक संख्या, चरण-व्यूह, श्राद्धकल्पशुल्बकानि, पार्षदमृग्यजूं षीष्टकापूरणं, प्रवराध्यायोक्थशास्त्र क्रतुसंख्या निगमा यज्ञा पार्श्वहौत्रिकं, प्रसवोत्थानम्, कूर्मलक्षणमित्यष्टादश परिशिष्टानि भवंति। तत्र कठानां योगा येन विशेषस्तत्र प्राच्योदीच्य नैर्ऋत्य

वाजसनेयानाम् पञ्चदश भेदाः भवंति। जाबालाः, बौद्धायनाः काण्वाः, माध्यंदिनेयाः शाफेयास्तापनीयाः कपोलाः पौंडरवत्साः, आवटिकाः, परमावटिकाः, पाराशराः, वैणेयाः वैधेयाः श्रर्द्धाः बौधेयाश्चेति॥ तेषामध्ययनं सौक्तिकं प्रवचनीयाश्चेति॥

मंत्र ब्राह्मण कल्पानामङ्गानां यजुषामृचाम्।
षण्णां यः प्रविभागज्ञः सो ऽ ध्वर्य्यु कृत्स्नमुच्यते॥१॥

॥ सामवेद खंडः ॥

सामवेदस्य किल सहस्र भेदा आसीदनध्याये ऽ प्वधीयानास्ते शतक्रतु वज्रेणाभिहताः प्रनष्टा। शेषान् प्रवक्ष्यामः (असुरायणीयाः, वासुरायणीया, वार्तांतरेयाः, प्राञ्जल ऋग्वैनविद्याः, प्राचीनयोग्याः राणायनीयाश्चेति।) तत्र राणायनीयानाम् नव भेदाः भवंति। राणायनीयाः शाटचायनीयाः, सात्यमुद्गलाः, खल्वलाः महाखल्वलाः लाङ्गलाः कौथुमाः गौतमाः जैमिनीयाश्चेति। तेषांमध्ययनम्॥ अशीतिशतमाग्नेयं, पावामानं चतुः शतम्। ऐंद्रं तु षड्विंशतिश्च यानि गायंति सामगाः॥ तान्यधीत्य चंडात्प्रचंडतरो भवति। शिष्टान्यधीत्य शिष्टाविंशतिको भवति। तत्र केचित्पुनर्ऋक्तंत्रं समातंत्रं धातुलक्षण मिति विधीयंते।

अष्टौ साम सहस्राणि सामानिच चतुर्दश।
अष्टौशतानि नवति दशति र्बालखिल्वकम्॥
स रहस्यं ससुपर्णं प्रेक्ष्यस्तत्र बालखिल्वाः।
सारण्यकानि सौर्य्याणि, ह्येतत्सामगणं स्मृतम्॥

॥ अथर्ववेद खंड ॥

अथर्ववेदस्य नव भेदाः भवंति। पैप्पलाः शौनकाः दान्ताः प्रदांताः औताः जाबालाः, ब्रह्मपलाशाः कुनखीवेददर्शी चारणविद्याश्चेति॥ द्वादशैव सहस्राणि पञ्चकल्पानि भवंति। कल्पे-कल्पे पञ्चशतानि भवंति। नक्षत्रकल्पो, विधानकल्पो, विधिविधानकल्प संहिताकल्पः, शांतिकल्पश्चेति। तत्र वेदानामुपवेदा चत्वारो भवंति।

ऋग्वेदस्यायुर्वेद उपवेदो, यजुर्वेदस्यधनुर्वेद उपवेदः

सामवेदस्य गांधर्ववेदो, अ-थर्ववेदस्यार्थशास्त्रम् ॥

चेत्याह भगवांव्यासः स्कंदोवा ।

य इमे वेदा-श्चत्वारस्तेषामेंकैकस्य कीदृशं रूपं वर्ण विधोच्यते । ऋग्वेदः पद्मपत्राक्षः सुविभक्तग्रीवः कुञ्चितकेशश्मश्रु श्वेतवर्णो वर्णोनकीर्तितं, प्रमाणंतावत्तिष्ठंवितस्तीः पञ्च ॥

यजुर्वेद, पिंगाक्षः कृशमध्य स्थूलगल कपोलस्ताम्रवर्णः कृष्णावर्णोवा प्रादेशमात्र दीर्घत्वेन ।

सामवेदों नित्य स्रग्वी सुप्रयतः शुचिवासाः शामीदांतो बृहच्छरीरः शमीदंडी कातरनयन आदित्यवर्णो नवरत्निमात्रो ।

अथर्ववेदस्तीक्ष्ण, प्रचण्ड कामरूपी विश्वात्मा, विश्वकर्त्ता, क्षुद्रकर्मा स्वशाखाध्यायी प्राज्ञश्च महानीलोत्पल वर्णोवर्णेनदशरत्निमात्रो ।

ऋग्वेदस्योत्रयस गोत्रं सोमदैवत्यं गायत्री छंदो,

यजुर्वेदस्य काश्यपस गोत्रमिंद्र दैवत्यं त्रिष्टुप् छंदः

सामवेदस्य भारद्वाजसगोत्र रुद्रदैवत्यं जगतीछंदो

अथर्ववेदस्य वैतानससगोत्रं ब्रह्मदैवत्यं अनुष्टुप्छंद ॥

॥ अथ फलस्तुति खंडः ॥

य इदं वेदानां नामरूपं गोत्र प्रमाणं छंदो दैवतं वर्णां वर्णयति, अविद्यो लभते विद्यां, जातिस्मरोऽथ जायते । जन्मनि जन्मनि वेदपारंगो भवति । अव्रती व्रती भवति । अब्रह्मचारी ब्रह्मचारी भवति । नमःशौनकाय, नमः शौनकाय ।

य इदं चरणव्यूहं गर्भिणीं श्रावयेत्स्त्रियम् ।

पुमांसु जायते पुत्रमृषिभिर्वेद पारगम् ।

य इदं चरण व्यूहं श्राद्धकाले पठेद्विजः ।

अक्षय्यं तद्भवेच्छाद्धं, पितृंश्चैवोपतिष्ठते ।

य इदं चरण व्यूहं पठेत्सपंक्ति पावनः ।

तारयेत्प्रभृतींपुत्रा-न्पुरूषांसप्त-सप्त च ।

य इदं चरण-व्यूह-पठेत्पर्वसु पर्वसु ।

विधूतंपाप्मा स स्वर्गी ब्रह्मभूयाय गच्छति ।
रतिर्धृतिश्शिवाश्यामाः चत्वारो वेदपत्निकाः ।
ज्ञातव्यायज्ञकालेषु ईशानादि व्यवस्थिताः ।
लक्षं तु चतुरोवेदोः लक्षं भारत मे वचः ।
लक्षं व्याकरण प्रोक्तं, चतुर्ल्लक्षं तु ज्योतिषं । चतुर्ल्लक्षं तु ज्यौतिषं ।।

□□□

व्यक्तित्व विकास
अच्छा इंसान सफल विजेता कैसे बने
शशिकांत सदैव
डेल कारनेगी
लोक व्यवहार
प्रभावशाली व्यक्तित्व की कला
HOW TO WIN FRIENDS & INFLUENCE PEOPLE
टॉपर्स के टॉप टिप्स
टॉपर बनना न तो मुश्किल है, ना ही नामुमकिन
जे.पी.एस. जौली
डेल कारनेगी
चिंता छोड़ो सुख से जियो
HOW TO STOP WORRYING & START LIVING
कहानियाँ जो जीना सिखाएं
जे.पी.एस. जौली
कहानियाँ जो राह दिखाएं
सुख, समृद्धि और सफलता की पारसमणि
जे.पी.एस. जौली
मैनेजमेंट एवं कॉरपोरेट गुरु चाणक्य
चाणक्य द्वारा सिखाए गए यह सूत्र जो आज भी उतने ही प्रासंगिक हैं
हिमांशु शेखर
डॉ. उज्ज्वल पाटनी
सफल वक्ता सफल व्यक्ति
सफलता पाने की 8 शक्तियाँ
शिशिर श्रीवास्तव
सफलता की नई तकनीक
सफलता एक निरंतर प्रक्रिया है
असंभव से संभव की ओर
असफलता से न घबराएं
परिश्रम का कोई विकल्प नहीं
टाइम मैनेजमेंट
आप और आपका व्यवहार
सूर्या सिन्हा
सोच बदलो सफलता पाओ
जोगिन्दर सिंह
क्या है नेटवर्क मार्केटिंग जानिए
No.1 Bestseller
12 भारतीय भाषाओं में उपलब्ध
सूर्या सिन्हा
जीत लो ख्वाबों को
दृढ़ इच्छाशक्ति, आत्मबल और कठिन परिश्रम से आप हर ख्वाब साकार कर सकते हैं
जोगिन्दर सिंह
हार के बाद ही जीत है
जोगिन्दर सिंह
डायमंड बुक्स
X-30, ओखला इंडस्ट्रियल एरिया, फेज-II नई दिल्ली-110020 फोन : 011-40712200
ई-मेल : sales@dpb.in Shop online at www.diamondbook.in